교육연구논문작성법

박수정 · 이희숙 · 김선영 공저

연구논문 시작과 완성 | 양적연구논문 작성 | 질적연구논문 작성

박영story

머리말

논문은 무엇이고 어떤 형식인가요?
연구문제는 어떻게 제시하는 건가요?
연구결과와 결론은 어떻게 다른가요?
논문 작성 후 심사는 어떻게 이루어지나요?

연구와 논문 작성의 첫 걸음을 내딛는 순간이 있습니다. 연구와 논문을 마무리해야 하는 시점도 옵니다. 이 책은 대학원과 교육대학원에서 학위과정을 새롭게 시작하는 연구자와 교사 연구자의 논문 작성을 지도하는 과정의 산물입니다. 모든 신진 연구자들에게 체계적인 연구방법론과 논문작성법 교육이 필요합니다. 그 중 연구방법론은 대체로 강의 형태로 제공되며, 관련 도서도 많이 있습니다. 주로 통계적 연구방법을 중심으로 기초, 심화 과정이 개설되고, 최근에는 질적연구방법론 수업도 강화되고 있습니다. 그러나 연구를 진행하고 그 과정과 결과를 학술적으로 정리하는 '논문작성법' 학습은 개인에게 맡겨있는 경우가 많습니다.

지도교수로부터 논문 지도를 받지만 A부터 Z까지 배울 수는 없습니다. 좋은 논문을 많이 보면 논문 작성의 노하우를 경험적으로 얻을 수 있으며, 소속된 학문공동체의 상호 검토도 큰 도움이 됩니다. 여기에 연구와 논문 작성의 과정에서 참고할 만한 책이 있다면 좀 더 도움이 되지 않을까요? 이 책은 처음 연구를 시작하는 분들이 논문작성법을 체계적으로 익히고 적용하는 것을 목표로, 개인 학습자료 그리고 수업의 교재로 활용하도록 기획하였습니다.

교육연구는 현장에서 교육을 하는 교사들이 많이 참여하고 있습니다. 교육현장에서는 훌륭한 교사들이 '연구'에 있어서는 경험과 배움의 기회가 없거나 부족하여 어려움을 겪는 상황을 많이 지켜봅니다. 연구가 처음인 모든 신진 연구자들에게 논문 작성은 결코 쉽지 않은 도전입니다. 교육학 공부를 시작하는 학부과정의 학생들과 현장의 연구자들에게도 마찬가지일 것입니다. 연구와 논문 작성의 과정에서 실질적인 도움이 되는 길잡이가 되는 책이 필요합니다. 연구과정에서 맞닥뜨리는 수많은 질문에 대해 차근차근 알려드리고, 올바른 연구 수행과 논문 작성을 할 수 있도록 구성하였습니다.

책의 구성은 다음과 같습니다. Ⅰ장은 교육연구논문작성의 전반적인 개요를, Ⅳ장은 구체적인 논문 작성과 발표를 다루었습니다. Ⅰ장과 Ⅳ장은 지금까지 약 150편의 학술논문을 발표하고 다년간 대학원생 논문지도를 해왔던 경험을 바탕으로 박수정 교수가 집필하였습니다. Ⅱ장과 Ⅲ장은 교육연구논문의 대표적인 두가지 연구방법, 즉 양적연구논문과 질적연구논문의 작성법을 다루었습니다. Ⅱ장을 집필한 이희숙 교수는 교육경제학과 정책을 계량적으로 연구하는 전문가입니다. Ⅲ장을 집필한 김선영 교수는 고등교육행정과 질적연구법 박사학위를 받고 주로 대학생을 연구하는 질적연구자입니다. 각 장은 논문 작성의 실제적인 팁을 구체적으로 제시하고, 논문 작성 과정에서 실질적으로 참고할 수 있도록 구성하였습니다. 모든 연구에 공통되는 Ⅰ장과 Ⅳ장을 먼저 보면서 전체적인 흐름을 이해하고, 관심사에 따라 Ⅱ장 혹은 Ⅲ장을 읽어보되, 한번은 살펴볼 것을 권합니다.

저자들은 책의 방향과 구성을 여러 차례 논의하고 각자 작성한 원고를 여러번 읽고 피드백하면서 최대한 완성도를 높이고자 했습니다. 신진 연구자의 논문 작성에 꼭 필요한 사항을 선별하였기에 연구방법에 대한 소개는 논문 작성과의 관련성 안에서 필요한 핵심적인 내용만을 다루었습니다. 연구자가 선택하는 구체적인 연구방법론에 대해서는 적절한 전문서를 학습할 것을 권합니다.

아울러 원고 초안을 읽고 의견을 준 김경은, 김정은, 박정우 선생님께 깊이 감사드립니다. 앞으로 독자의 반응을 확인하고 연구동향을 확인하면서 책을 지속적으로 보완하고자 합니다.

인간의 성장과 웰빙을 위한 교육,
이를 제대로 연구하고 공유하는 교육연구논문!

소중한 문제의식을 연구로 이어나가고 논문의 형태로 완성하여 공유하는 수고와 보람, 그리고 희열의 길에 이 책이 도움이 될 수 있기 바랍니다. **도전하는 자가 아름답다!**

2024년 3월
연구자의 길을 응원하며
저자 일동

목 차

I

교육연구논문 시작하기

박수정

II

양적연구논문 작성하기

이희숙

III

질적연구논문 작성하기

김선영

IV

교육연구논문 완성하기

박수정

I

교육연구논문 시작하기

I

교육연구논문 시작하기

박수정

교육연구논문을 작성하기 위하여 연구는 무엇이고 연구논문은 무엇인지, 논문 작성은 어떠한 과정을 거치는지 먼저 개괄적으로 이해할 필요가 있다. 연구에 있어서 연구주제를 탐색하고 선정하는 것은 대단히 중요하다. 연구주제는 연구의 목적 및 구체적인 연구문제와 연결된다. 다음으로 선행연구를 수집하고 정리하는 것은 연구의 방향을 선명하게 하고 연구의 기반을 탄탄히 하는 중요한 작업이다. 연구주제에 필요한 양질의 선행연구를 폭넓게 탐색하고 분석하기 위한 노하우가 필요하다. 이어 연구목적을 달성하기 위해 활용할 수 있는 연구방법에는 무엇이 있는지 전반적으로 확인할 필요가 있다. 대표적인 교육 분야 연구방법인 양적연구와 질적연구는 각각 Ⅱ장과 Ⅲ장에서 살펴보도록 한다. 연구의 출발점부터 확실하게 알아두고 진행해야 하는 것은 '연구윤리'다. 연구윤리를 정확하게 이해하고 철저하게 준수함으로써 의미있는 연구를 바르게 시작하고 완성할 수 있을 것이다.

1 연구논문은 무엇인가?

가. 연구논문의 의미

연구논문은 연구와 논문의 합성어다. 연구를 진행하고 그 결과로 작성한 글이 논문이다. 그렇다면 연구는 무엇일까?

연구는 사전적으로 '어떤 일이나 사물에 대하여 깊이 있게 조사하고 생각하여 진리를 따져 보는 일'로 설명하고 있다. 한자로 '研究'는 '갈다, 문지르다', 그리고 '파고들어 깊게 구하다'는 뜻을 가진다. 학술적으로 연구의 의미는 '특정한 주제를 깊게 조사하고 탐구하는 것'이다. 연구의 역사와 전통은 길지만, 현대적인 의미에서는 '학술적인 탐구 활동'이라 할 수 있다.

논문은 사전적으로 '어떤 문제에 대한 학술적인 연구결과를 체계적으로 적은 글'을 의미한다. 한자로 '論文'은 '논하다, 서술하다'는 뜻을 가진다. 논문은 대체로 서론, 본론, 결론의 구성을 가지며, 체계적이고 논리적인 글쓰기를 지향한다. 즉 논문은 '학술적인 형식을 갖추어 작성한 글'이라 할 수 있다.

연구와 논문의 스펙트럼은 넓다. 대학원 수업의 과정이나 과제를 위한 연구 수행, 수업에서 제출하는 보고서 작성에서부터 학위 취득의 일환으로 이루어지는 본격적인 연구, 학술적으로 엄밀성과 수월성을 요구하는 전문적인 논문에 이르기까지 다양하다.

교육연구논문은 교육을 대상으로 혹은 교육을 주제로 연구하는 논문을 가리킨다. 교육은 대상 또는 주제가 된다. 교육 활동과 교육 현상, 그리고 교육과 관련된 주제를 학술적으로 연구한 결과를 정리한 논문을 가리킨다. 연구와 논문은 독창성이 있어야 하며, 기본적인 논리와 형식을 갖는다. 이 책은 수많은 분야의 연구논문 중 '교육'을 중심으로 설명하고자 한다.

교육연구논문을 작성하는 연구자는 대학과 대학원, 교육대학원, 그리고 교육현장 등에서 학습과 연구를 경험하고 있을 것이다. 잠재적인 연구자를 추산해보면, 학교교육에 종사하는 유·초등·중등·특수 교사의 수는 50만 명 정도이며, 교육학(교과교육학 포함)을 공부하는 학부와 석박사과정 대학원생의 수는 상당하다. 수업연구대회 등에 출품하거나 교육활동 개선을 위해 자발적으로 이루어지는 '현장연구'가 상당수에 이른다. '학습연구년제' 중에 있는 교사들도 연구계획서와 연구보고서를 제출한다. 형식과 방향은 다소 차이가 있더라도 교육을 연구하는 본질은 동일하다.

교육학은 학교 교육과 학령기 학습자 만을 대상으로 하지 않는다. 유아교육, 초등교육, 중등교육, 고등교육, 특수교육, 교과교육 외에도 기업교육, 평생교육, 마을교육 등 교육의 범위는 매우 넓고, '교육'이라는 이름으로 이루어지지 않는 교육도 있다. 교육연구논문을 작성하는 방법은 교육을 전문적으로 연구하는 모든 이들에게 직접적인 도움이 될 것이다. 그리고 과학적 연구와 글쓰기를 공유하는 대부분의 사회과학 연구자들에게도 참고가 될 수 있을 것이다.

나. 연구논문의 종류

연구논문은 크게 학위논문(thesis, dissertation)과 학술논문(research paper, article)으로 대별할 수 있다.

학위논문은 고등교육기관의 정규 과정을 이수하고 졸업하는 요건으로 만드는 결과물이다. 학부 과정에서 논문을 쓰도록 하는 경우가 있으나 최근에는 졸업 시험이나 자격증, 프로젝트 등으로 대체되는 경우가 많다. 대부분 대학원 과정에서 학위논문을 작성하며, 석사학위논문과 박사학위논문이 대표적이다. 흔히 '일반대학원'이라고 부르는 대학원은 학술적인 연구자를 양성하는 목적이 크기 때문에 논문은 필수적이다. 교육대학원 등 특수대학원의 경우는 현직자를 대상으로 하는 재교육의 성격이 커 학위논문이 필수적이지 않은 경우가 있다. 대학에 따라 학위논문, 보고서, 졸업 시험 등으로 석사학위를 수여하고 있다. 그러나 박사학위과정을 운영하는 대학원과 전문대학원에서는 박사학위논문이 필수다. 즉 대학원에서 석사논문은 대부분 필수, 박사논문은 반드시 필수다.

석사학위과정에 있는 교사들의 경우, 학위논문을 쓸 것인지 고민하는 경우가 많다. 박사과정 진학을 염두에 둔다면 석사과정에서 학위논문을 작성하는 것이 필요하다. 그리고 석사과정만을 생각하더라도 학위논문을 작성하는 것은 대단히 중요한 경험이다. 학위논문을 작성하는 과정에서 연구능력이 가장 크게 향상될 수 있다. 교사 중에는 현장연구대회 등에서 논문을 제출하고 입상을 하는 경우가 있고, 각종 보고서 등을 작성하는 경험을 하는 경우도 있는데, 이러한 문헌은 학술적 논문과는 거리가 있다.

학위논문작성은 다른 보고서, 기획안 등을 체계적이고 논리적으로 작성하는 데 큰 도움이 된다. 학위논문의 심사는 석사의 경우 3인, 박사의 경우 5인의 심사위원을 위촉하고, 2심 혹은 3심(대학마다 다름)을 통과해야 한다. 학위논문은 구체적인 주제로 30~100쪽 정도의 분량으로 작성되고, 박사학위논문은 조금더 넓고 깊게 연구하여 100쪽 이상의 분량으로 작성된다. 학위논문은 학술연구정보서비스(RISS) 등 온라인 학술검색 사이트에서 확인할 수 있으며, 해당 학위를 수여한 대학의 도서관 홈페이지에서 대부분 공개하고 있다.

학술논문은 학술적으로 작성된 연구논문으로 학술지 혹은 학술대회에서 발표된 것을 가리킨다. 비평, 서평, 논평, 에세이와 같이 자유로운 형식의 논문도 있지만, 대부분 학술적 체제를 갖춘 연구논문이다. 대표적인 학술논문은 학회나 연구소에서 발행하는 전문적인 학술지에 심사를 거쳐 게재된 논문이다. 한국연구재단에서 학술지평가를 실시하고 **KCI**(Korea Citation Index, 한국학술지인용색인) 등재 혹은 등재후보 학술지를 발표하고 있다. 검증된 우수 학술지에 논문을 발표하는 것이 권장된다. 학술논문은 해당 학술지의 연구영역과 주제에 맞게 연구자가 투고하여 대체로 3인의 심사자가 익명으로 엄정하게 심사하여 게재여부가 결정된다. 교육연구의 학술논문은 대체로 20쪽 내외, 최대 30쪽 정도로 분량이 정해져 있고, 구체적인 주제를 중심으로 압축적으로 정리하는 것이 일반적이다. 학위논문에 비해 분량이 적고 검증된 심사과정을 거친 학술논문이 활발하게 참고, 인용되는 편이다.

학위논문을 요약하여 학술논문으로 발표하는 경우도 있으며, 학위논문을 기반으로 정리한 것임을 밝히면 중복게재나 표절로 보지 않는다. 학위논문보다 학술논문을 더 쉽게 찾고 인용할 수 있기 때문에, 가급적이면 학위논문을 학술논문으로도 발표할 것을 권장한다. 다만, 단순히 요약한다고 해서 완결된 글을 쓸 수는 없기 때문에 새로운 논문 작성이 되기도 한다.

이 책은 처음 연구를 시작하는 자를 대상으로 **학위논문**, 그 중에서도 가장 처음 작성하는 석사학위논문을 중심으로 설명하고자 한다. 연구를 거쳐 작성하는 '논문'이라는 기본적인 방식은 박사학위논문에도 준용되는데, 그 깊이와 분량이 확대된다고 볼 수 있다. 그리고 압축적으로 연구결과를 제시하는 학술논문을 작성할 때, 교육 현장에서 연구보고서를 준비할 때에도 도움이 될 것이다. 드물지만 학부과정에서 연구를 진행하고 이를 체계적으로 작성하는 학부 학위논문, 수업 중에 작성하는 연구보고서에도 유용하게 참고할 수 있을 것이다.

학위논문의 의미는? (박수정, 2011)

연구의 출발점이 되는 석사학위논문은 대학원 과정의 일부로 간주되고, 대학원에서 수학한 내용을 확인하고 발전시키다는 의미가 강하다. 학술적 연구를 처음부터 끝까지 온전히 경험해보는 과정으로, 한 편의 논문을 의미있게 완성한다는 점에 의의를 둘 수 있다.

최고 학위인 박사학위논문을 완성한다는 것은 '독립적으로 연구를 수행할 수 있는 자'로 인정받는다는 의미를 갖는다. 박사학위논문의 주제는 연구자의 가장 전문적인 분야로 인정받을 수 있고, 평생 발전시켜 나갈 연구의 중요한 모티브와 기반으로 작용한다. 대학원 수학과정에서 갈고 닦은 실력을 바탕으로 지도교수의 지도를 받아 질적으로 우수한 논문을 쓸 수 있도록 최대한의 노력을 기울여야 한다.

초·중등교원 중 석박사학위 소지자는? (박수정, 2024)

현재 교원 중 석사학위 소지자는 약 40%, 박사학위 소지자는 약 2% 정도다. 대학원 수학은 현직에서 필요한 전문성을 체계적으로 쌓을 수 있는 기회가 되고, 연구와 실천 능력을 갖춘 교사 연구자, 교육현장과 정책에도 영향력을 발휘하는 교사 리더가 될 수 있을 것이다.

다. 연구논문의 체제

연구논문은 일반적인 형식을 갖추어야 한다. 크게 보면 **서론, 본론, 결론**의 구성을 갖는다. 어떤 이야기든 '기승전결(起承轉結)'이 있고, 수업이 '도입-전개-정리'의 순서로 진행되는 것처럼, 논문의 큰 형식이라 할 수 있다. 시작 단계에서 이 연구를 왜 하고자 하는지, 지금까지의 연구는 어떠했는지, 이 연구를 어떻게 하는지 등을 밝히고, 연구의 주된 내용과 결과를 정리하며, 마지막으로 이 연구가 어떤 의미를 갖는지, 어떤 연구가 더 필요한지 등을 밝히는 순서가 일반적이다.

연구논문의 일반적인 형식은 다음과 같다. 사회과학에서 주로 사용하는 연구논문 체제로, 연구 분야와 주제에 따라 다를 수 있다.

연구논문 체제

Ⅰ. 서론
Ⅱ. 이론적 배경
Ⅲ. 연구방법
Ⅳ. 연구결과
Ⅴ. 결론
참고문헌

첫째, **서론**은 연구의 배경과 문제의식, 연구의 목적과 연구문제를 설명하는 부분이다. 서론 대신 '연구의 필요성 및 목적'으로 쓰기도 하는데, 가장 중요한 것이 연구가 왜 필요한지, 무엇을 연구하겠다는 것인지 밝히는 것임을 알 수 있다. 서론을 가장 먼저 작성하게 되지만, 연구를 마치고 난 후 다시 작성해야 한다. 서론은 이 연구가 왜 필요한지 설득하는 것이 중요하다. 따라서 연구의 학술적 필요성, 실제적 필요성을 제시하는 것이 좋다. 학술적으로도, 실제적으로도 의미가 있는 연구가 가치로운 연구다. '이 주제와 관련있는 선행연구가 부족해서'라는 접근도 있으나, 단순히 연구가 부족하다고 해서 연구가 필요한 것은 아니다. 또한 선행연구가 어떤 점에서 부족하다는 것보다는 선행연구에서 밝힌 것은 무엇이고, 더 밝혀야 할 것은 무엇인지 살펴보는 자세가 중요하다.

서론에는 관련되는 선행연구를 거론하면서 연구의 필요성을 제시할 수 있다. 주의할 것은 이론적 배경을 정리하는 부분은 별도로 있으니, 여기에서는 가장 핵심적인 연구들을 선별하여 제시할 필요가 있다. '연구의 제한점'을 제시하는 경우도 있으나, '연구의 범위'를 기술할 것을 추천한다. 연구의 시간적, 공간적, 내용적 범위를 설명하는 것이다. '용어의 정의'를 제시하기도 한다. 학술논문이라면 서론을 1~3쪽 정도 작성하며, 소절을 나누지 않고 쓴다. 학위논문이라면 1. 연구의 필요성, 2. 연구목적 및 연구문제, 3. 연구의 범위(또는 용어의 정의) 등으로 절을 구분하여 3~6쪽 정도 작성하며, 박사학위논문의 경우는 분량을 더 할애하기도 한다.

둘째, **이론적 배경**은 주제에 대한 이론, 주요 개념, 선행연구 등을 정리하는 부분이다. 이론적 배경은 일반적으로 3개 이상의 절로 구성하며, 연구에서 다루는 주요 개념과 이론에 대해 선행연구를 정리하고, 자신이 하고자 하는 연구에의 시사점을 제시한다. 양적연구의 경우 중요한 변인, 변인간 관계, 연구 가설과 모형 등을 서술한다. 이론적 배경은 선행연구들을 조사하여 정리하는 부분이기 때문에 '표절'에 주의해야 한다. 원문을 충실히 확인하고, 인용하는 부분을 자신의 언어로 바꿔 쓰고 연구에 필요한 스토리라인으로 구성하는 것이 필요하다. 주제에 따라 이론적 배경을 '선행연구 검토' 정도로 살펴본다면, 하위 절을 구분하지 않고 하나의 장으로 구성할 수도 있다.

셋째, **연구방법**은 연구 목적을 달성하기 위해 선택한 구체적인 연구방법론을 설명하는 부분으로, 연구 설계, 조사 설계가 핵심이다. 사용하는 연구방법에 따라 체제와 기술 방식은 다르다. 통계적 분석을 하는 양적연구의 경우는 연구모형, 연구대상, 조사도구, 분석방법을, 질적연구의 경우는 연구참여자, 자료수집, 자료분석을 주로 설명한다. 사용하는 연구방법에 따라 포함할 내용과 하위 절 구성이 달라지며, 드물지만 하위 절을 구분하지 않고 하나의 장으로 구성할 수도 있다.

넷째, **연구결과**는 연구의 목적과 문제에 대해 규명한 구체적인 결과를 제시한다. 연구문제에 대응하여 정리하는 것이 일반적이며, 개별 연구문제에 대한 답이 어디에 있는지 확인할 수 있어야 한다. 연구결과는 연구문제에 따라 그리고 논리적으로 절을 나누어 구성한다. 연구결과는 대부분 하위 절을 나누어 제시하며, 연구결과가 서로 다른 두 가지 이상이라면 장을 구분할 수도 있다.

다섯째, **결론**은 연구의 종합적인 결과를 정리하는 부분이다. 주요 내용 요약, 논의, 연구의 시사점, 후속연구 제안 등으로 이루어진다. 연구의 제한점을 결론에 밝히는 것이 좋다. 연구 대상, 연구방법 등과 관련하여 연구가 가진 기본적인 한계와 아쉬움을 솔직하게 밝히고, 필요한 후속연구를 제시하는 것이다. 연구의 학문적 의의와 실제적 의의를 밝히는 것은 필수적이다.

여섯째, **참고문헌**은 논문 작성에 인용한 문헌을 정리하는 부분이다. 논문에 인용한 문헌은 빠짐없이 포함하고, 인용하지 않은 문헌은 수록하지 않는다. 대체로 한국 문헌, 영어 문헌 순으로 제시하며, 저자를 기준으로 가나다, 알파벳 순으로 정렬한다. 이 밖에 요약(초록)을 국문과 영문으로 작성하는 경우가 많고, 설문지, 연구참여동의서 양식 등을 부록으로 제시할 수 있다. 참고문헌 양식은 학교와 학술지에 따라 샘플을 제시하는 경우가 많으므로 이를 참고하고, 한편의 논문 안에서 통일성 있게 정리하는 것이 중요하다.

이러한 연구의 체제는 일반적인 것을 설명하였고, 연구의 성격과 학문에 따라 차이가 있다. 즉 이론적 배경 - 연구방법 - 연구결과의 틀이 반드시 고정된 것이 아니다. 예컨대 사회과학적 접근이 아닌 교육연구논문의 경우는 연구내용 중심으로 목차를 구성할 수 있다. 이 경우 연구자료와 방법에 대한 설명을 서론에서 함께 하고, 2장부터 내용적으로 접근하게 된다. 문헌연구의 경우 이론적 배경이 따로 있지 않을 수 있다. 질적연구논문의 경우 로마자 번호만 매겨져 있는 참신한 목차도 볼 수 있다(허창수, 2008). 특정 분야에서 반복적으로 연구되는 변인을 다루는 학술논문의 경우, 이론적 배경을 생략하고 서론에서 관련되는 이론을 함께 제시하는 경우도 있다. 중요한 것은 기본을 알면 변형도 가능하다는 것이다.

여기에서는 대부분의 교육연구논문에 적용되는 기본적인 체제와 구성을 살펴보았다. 논문을 최종적으로 작성하는 단계에서 필요한 구체적인 사항들은 Ⅳ장을 참고하도록 한다.

2 연구와 논문 작성 과정

논문은 연구의 결과물이므로 연구의 진행과정을 따라가면서 탄생한다. 대체로 1) 연구주제 선정, 2) 선행연구 분석, 3) 연구방법 설계, 4) 연구계획서 작성, 5) 연구 수행, 6) 논문 작성, 7) 논문 심사, 8) 논문 발표의 순으로 정리해볼 수 있다.

그림 I-1 연구와 논문 작성 과정

연구가 모두 이루어진 후 논문을 작성하는 경우도 있지만, 대체로 연구와 논문 작성은 동시에 진행되며, 연구가 완료된 후에도 논문을 작성하는 과정에서 필요하다면 다시 연구를 하게 될 수도 있다. 즉, 순차성과 비순차성이 동시에 작용하는데, 예컨대 연구를 수행하면서 연구계획서가 수정될 수 있고, 연구결과를 확인한 후 연구 목적을 재설정할 수도 있다.

가. 연구주제 선정

무엇을 연구할 것인가? 왜 연구하려고 하는가?

연구주제 선정은 **문제의식**으로부터 출발한다. 문제의식은 평소에 품고 있던 궁금증, 학습을 통해 가지게 된 질문, 현업에서 중요하게 생각한 주제 등에서 도출될 수 있다. 학생들의 교육격차는 왜 심화되는 것일까? 교육격차를 줄이기 위한 정책들은 왜 효과를 발휘하지 못할까? 교사의 업무는 왜 줄어들지 않고 더 많아지는 걸까? 교사의 업무를 줄이면 수업의 질은 높아질까?

이러한 문제의식이 있다면, 학위과정에서 학습한 이론과 선행연구를 바탕으로 연구주제를 선정하고, 구체적인 연구주제와 범위를 만들어가야 한다. 교육격차의 실태, 교육격차의 원인, 교육격차 해소 정책의 효과성, 교사 업무의 증가 요인, 교사 업무 감축과 수업의 질의 관계 등이 연구주제가 되는 것이다.

연구주제 선정은 선행연구를 검토하고 분석하는 과정에서 명료화된다. 그리고 연구의 목적과 구체적인 연구문제를 선정하는 중요한 단계에 이르게 된다. 최종적으로 선정한 연구주제는 서론에서 명확하게 밝혀야 하고, 연구 전체를 관통하는 매우 중요한 역할을 하게 된다.

나. 선행연구 분석

어떤 연구들이 있었는가? 내가 하려는 연구는 어떤 연구인가?

'하늘 아래 새로운 연구 없다.'는 말이 있다. 내가 관심을 둔 주제와 관련되는 연구는 누군가 했고, 지금까지 이루어진 연구의 바탕 위에서 새로운 연구가 시작되는 것이다. 나의 문제의식과 주제에 대한 **선행연구**를 충분히 찾아보고 검토하는 것이 필요하다. 내가 가진 문제의식을 학술적으로 연구할 수 있는가, 연구할 가치가 있는가 등도 확인할 수 있다. 선행연구는 많을 수도 있고 희소할 수도 있다. 연구의 첫발을 딛는 석사논문의 경우, 선행연구가 많은 것이 더욱 도움이 된다. 관련 연구가 희소하다면 그 이유가 무엇인지 유추하고, 더 넓고 깊게 찾아본다.

'교육격차의 원인'을 주제로 한다고 하면, 교육격차의 개념, 범위, 현상, 원인, 인식 등에 관한 연구들을 찾아본다. 교육격차의 원인에 대한 분석 연구가 이미 있을 경우, 연구 시점이 많이 지났거나, 학교급이 다르거나, 지역적 맥락이 다르거나, 핵심적인 주제나 관점이 다르다면 충분히 새로운 연구가 될 수 있다. 2020년에 시작된 코로나19의 유행은 종전과는 다른 교육격차의 양상을 가져왔다. 과거 교육격차의 이론과 연구들을 살펴보면서, 비대면 교육상황에서 교육격차가 일어나는 원인을 규명하는 연구가 가능함을 확인할 수 있다. 초등학교에서 원격교육을 어떠한 방식으로 했는가(일방향 수업 중심 혹은 쌍방향 수업 중심), 고등학교 유형에 따라 교육격차의 양상이 달랐는가(일반고, 자사고, 특목고 등), 학교장의 리더십에 따라 교육격차는 달라질 수 있는가 등 연구주제를 구체화할 수 있다.

선행연구 분석을 통해 연구자가 가진 이론적 토대, 관점, 입장 등을 정립하고 이를 제시할 수 있다. 선행연구 분석은 주로 연구의 초기 단계에 집중되지만, 연구 진행 과정에서도 끊임없이 찾으면서 분석하고 연구에 반영하게 될 것이다. 이론적 토대를 탄탄하게 구축하는 것은 좋은 연구와 논문으로 갈 수 있는 지름길이다. 분석한 선행연구는 이론적 배경에서 주로 정리하고, 서론에서도 연구의 필요성을 설득하면서, 그리고 연구결과와 결론에서도 비교 논의를 위해 활용된다. 연구계획 단계와 연구논문작성 단계에서 선행연구는 다른 방향으로 정리될 수 있다.

다. 연구방법 설계

어떻게 연구할 것인가?

연구방법은 연구문제에 대한 답을 찾아가기 위한 도구다. 연구의 목적을 달성할 수 있는 연구결과를 도출하기 위해 적절한 방법을 찾고 효과적으로 연구 설계를 해야 한다.

사회과학에서 연구방법은 크게 양적연구와 질적연구로 대별하며, 이 책에서도 각각 양적연구 논문작성법(Ⅱ장)과 질적연구 논문작성법(Ⅲ장)에 대해 다룬다. 연구의 목적과 문제의 성격, 그리고 연구자의 세계관과 선호에 따라 적절한 연구방법은 다르다. 예컨대 교육격차의 원인을 규명하고자 한다면 설문조사나 데이터 분석을 통한 양적연구, 면담이나 관찰을 통한 질적연구, 그리고 신문기사나 연구물을 분석하거나 관련된 담론을 분석하는 문헌연구도 가능하다. 주로 양적연구는 교육격차의 차이와 영향을 가져오는 '요인'을, 질적연구는 교육격차의 '양상'과 '이유'에 대한 사람들의 경험을 주목하게 되므로, 연구주제 선정 단계에서 방법도 함께 결정될 수 있다.

연구방법에 대한 준비는 연구의 초기 단계에 혹은 선행연구 분석이 어느 정도 이루어진 후에 가능하다. 논문 작성을 본격적으로 준비하기 전에 연구방법론에 대한 기본적인 이해가 어느 정도 필요하며, 특정한 연구방법론에 대한 체계적인 학습이 동시에 이루어져야 한다. 석사과정의 경우, 최소한 두 번째 학기부터는 연구방법론 과목을 수강하고, 정규 과목 외에도 특강, 별도 집중학습,

스터디 등 연구방법론 학습이 필요하다. 박사과정의 경우는 더욱 심화된 학습이 요구되는데, 연구방법론에 대한 역량은 전문 연구자에게 매우 중요하다.

라. 연구계획서 작성

연구를 본격적으로 진행하기 위해서 연구에 대한 구체적인 청사진, 즉 **연구계획서**가 필요하다. 프로포절(proposal)이라고 하며, 학위논문의 경우 연구계획서 작성과 발표는 필수적이다. 대부분의 대학에서 지도교수 혹은 학과나 전공 차원의 검토와 승인이 필요하다. 연구계획서 발표가 필수적이지 않은 경우는 '연구계획 구상' 정도로 갈음할 수 있다.

연구계획서는 일반적으로 서론부터 연구방법까지 작성하는데, 앞서 제시한 논문의 체제 중 Ⅰ장부터 Ⅲ장까지 해당한다. 연구가 잘 수행되었을 경우 가져올 효과(기대효과)는 필요에 따라 포함시킬 수 있다. 단, 지나치게 크게 잡거나 실제적인 효과만 제시하는 것은 역효과가 날 수 있다는 것에 주의한다.

연구계획서 체제

Ⅰ. 서론
Ⅱ. 이론적 배경
Ⅲ. 연구방법
(Ⅳ. 기대효과)
참고문헌

연구계획서는 이 연구가 왜 필요한지 설명하고, 연구를 수행할 준비가 되었는지 확인하는 중요한 문서다. 연구의 필요성은 학문적, 실제적으로 제시할 수 있고, 선행연구 분석을 통해 연구의 독창적인 측면을 부각할 수 있다. 연구의 준비도는 연구 목적과 문제의 중요성, 선행연구 분석의 치밀함과 논리성, 연구방법의 탄탄함 등으로 확인할 수 있다. 체제와 내용을 제대로 갖추면 분량은 크게 중요하지 않은데, 석사학위의 경우 대략 10~20쪽 정도면 충분하다.

연구계획서에서 반드시 강조하고 싶은 것은 선행연구 인용의 정확성, 참고문헌 정리와 편집 등 형식의 완벽성이다. 어지럽게 혹은 잘못 정리되거나 원문을 확인했는지 의심스러운 선행연구 인용, 통일되지 않거나 누락이 있는 참고문헌, 오탈자와 비문 등은 연구할 준비가 아직 충분치 않다고 판단하게 한다.

연구계획의 완성도가 높을수록 연구가 큰 무리 없이 진행되고 기대하는 결과를 얻을 수 있다. 연구계획서를 요구하지 않는 경우에도 스스로 작성해보고 연구의 설계도로 삼도록 한다.

연구계획서 체크리스트 (Creswell, 2018)

제목

- 연구계획서의 주요 아이디어가 요약되었는가?
- 일반인이 이해할 수 있는가?
- 제목만으로 설명이 가능한가?

연구의 배경과 의의

- 연구결과가 기존 지식과 이론의 격차를 채울 수 있는가?
- 계획한 연구의 간략한 개요와 복합적인 문제의 배경이 제시되었는가?
- 1~3개의 문단으로 이루어졌는가?
  한 문단이 3~8개의 문장으로 이루어졌는가?
- 전문적이고 세련되게 다듬어졌는가?

문제 진술

- 1~2개의 문단으로 이루어졌는가?
- 현재의 문제와 모집단에 초점을 맞추었는가?

연구목적

- 하나의 짧은 문단으로 서술하였는가?
- 연구대상/참여자, 주제, 방법론을 명확하게 제시하였는가?

선행연구 분석

- 연구주제와 관련된 학술 문헌에 대한 철저한 이해가 드러나는가?
- 특정 방법론을 설정하여 설명하였는가?
- 선행연구를 주제별로 소개하였는가?
- 선행연구가 자연스럽게 읽히는가?

연구방법론

- 연구방법 및 간단한 개요를 제시하였는가?
- 선택한 접근에 대한 근거를 제시하였는가?
- 연구문제와 가설에 맞는 연구방법을 제시하였는가?
- 변수, 모집단, 표집방법을 설명하였는가?
- 표집과 자료수집에 필요한 승인 과정을 모두 거쳤는가?
- 자료수집 도구, 자료분석 계획을 설명하였는가?

- 윤리적 고려사항을 어떻게 다루었는지 설명하였는가?
- 연구 수행 일정표를 제시하였는가?
- 연구절차와 일정을 보여 주는 그래픽 자료를 제시하였는가?
- 장별로 해당 장에서 다루는 주요 아이디어와 주제, 문제를 요약한 단락을 제시하였는가?

참고문헌

- 정확하게 인용하였는가?

마. 연구 수행 및 논문 작성

연구계획서를 작성, 발표한 후 연구는 얼마나 진행해야 할까? '필요한만큼' 진행해야 한다! 학교와 전공에 따라 다르지만, 통상 연구계획서를 발표한 다음 학기(석사과정) 혹은 두 학기(박사과정)부터 논문 심사가 가능하도록 규정을 두고 있다. 6개월 혹은 1년이 최소한의 연구기간이라고 유추해볼 수 있는데, 연구계획의 완성도와 준비도, 연구방법의 진행 시간 소요, 연구 진행 과정에서 장애요인 발생 등 변수에 따라 시간은 달라진다.

연구방법과 계획에 따라 다르지만, 양적연구의 경우 설문조사를 실시하고 분석하는 과정(예비조사-본조사-분석) 혹은 데이터를 분석하는 과정이 이어지며, 질적연구의 경우 면담을 하고 전사하고 분석하는 과정이 이어진다. 연구와 동시에 논문 작성을 병행하는 것이 일반적이며, 모든 과정을 마친 후 새롭게 논문 작성을 할 수도 있다. 연구계획서에서 연구결과와 결론을 추가하고, 전체적으로 수정, 보완하는 과정을 거친다.

바. 논문 심사 및 논문 발표

논문은 일정한 **심사 과정**을 거쳐 학술적으로 인정된다. 학위논문의 경우, 논문심사 신청서를 제출한 후 석사논문은 심사위원을 세 명, 박사논문은 다섯 명(외부 포함)을 초빙하여 심사를 진행한다. 지도교수는 당연직으로 포함되지만 심사위원장은 맡을 수 없다. 지도교수가 심사위원을 선정하고, 2회 이상의 심사 과정을 거쳐 통과 여부를 결정한다. 초심과 종심, 1차 심사와 2차 심사 등으로 표시하며, 대학에서 정한 절차에 따라 진행한다. 논문 심사는 대부분 모여서 대면으로 진행하며, 논문 요지를 발표하고(5~10분) 심사위원의 질의에 답변하며, 최종적으로 합 또는 불합 여부를 판정받는다. 2차 심사는 수정한 사항을 중심으로 발표하도록 하는 경우가 많다. 심사받을 논문(논문심사본, 2차 심사에서는 수정대조표 포함)은 심사 1주일 전까지 심사위원들에게 제본하여 제출하고 심사 전에 읽을 수 있도록 해야 하므로, 이러한 일정을 계산하여 논문 작성에 참고하도록 한다. 통상 최종 심사에는 국문, 영문초록도 완성하도록 한다.

학술논문은 투고 학술지에서 정한 소정의 절차에 따라 익명의 심사위원(대부분 3인)에게 심사를 받게 된다. 최종적으로 '게재가' 판정을 받으면 학술지 게재가 확정된다. 학술논문은 동시에 여러 학술지에 투고하지 않아야 하며, '게재불가' 판정을 받을 경우 보완하여 다른 학술지에 투고할 수 있다. 학술논문은 학술지에 게재하는 것이 곧 논문 발표이며, 학위논문은 논문심사 통과 후 대학의 도서관에 관련 서식과 논문 파일 등을 온라인으로 제출하고 등록되는 절차를 거치는 것이 논문 발표가 된다. 주요 학술검색 사이트에서 논문의 제목과 서지정보, 초록, 참고문헌 등이 등록되어 연구성과를 학계에 공유하고 활용할 수 있게 된다.

3 연구주제 탐색과 선정을 위한 tip

연구주제 선정은 가장 어렵다고들 한다. 연구의 출발점이면서 어렵게 느껴지는 단계이기도 하다. 연구와 논문 작성에서 연구주제를 탐색하고 선정하는 일은 매우 중요한 것이므로, 이를 위한 기준과 전략을 살펴볼 필요가 있다.

무엇보다 '**하고 싶은 연구**'라는 기준은 연구과정 전체를 관통하는 가장 중요한 기준이 될 수 있다. 연구는 처음부터 끝까지 내 손으로 해내는 것이며, 마지막까지 연구를 완성하고 정리하게 하는 동력은 연구에 대한 '나'의 의지와 열정이다. 연구주제의 선정은 '내가 연구하고 싶은 주제'로, 흥미와 끈기를 가져오는 주제여야 한다. 주제를 선정하는 것이 막막하고 어려워 지도교수가 권유하는 주제라 하더라도 결국 그 주인은 내가 되는 것이다.

그리고 '**할 수 있는 연구**'라는 기준도 중요하다. 연구의 범위가 너무 넓거나, 어렵거나, 지나치게 오래 걸릴 것으로 예상되는 경우, 연구주제에 적합한 연구방법을 습득하기가 어렵거나 연구자와 맞지 않는 경우, 하고 싶은 연구주제라 하더라도 제외하는 것이 맞다. 해낼 수 없는 연구를 굳이 할 필요는 없다.

마지막으로 '**필요하고 가치있는 연구**'라는 기준은 기본적인 조건이다. 사회적으로, 학술적으로 필요성이 있고 가치가 있는 연구인지 따져야 할 것이다. '궁금해서', '연구가 부족해서'라는 이유는 설득력이 없다. 연구의 필요성을 학계와 대중이 공감하고, 의미와 유용성을 충분히 가지는 연구로 인정받아야 한다.

그림 I-2 연구주제 선정을 위한 기준

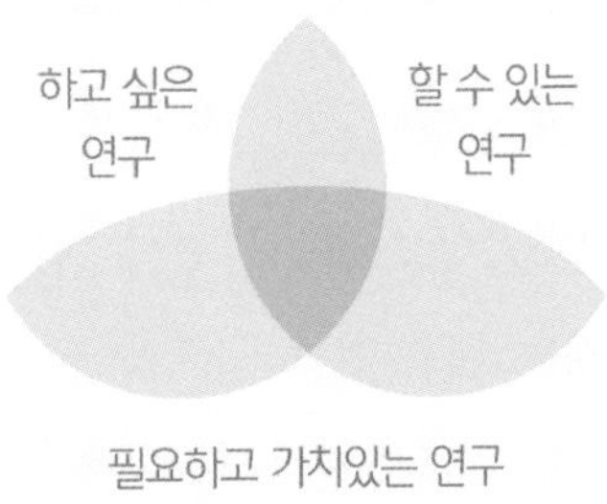

이러한 기준을 바탕으로, 연구의 주제 선정을 위해서 어떻게 해야 할까?

첫째, 평소 관심을 두고 있는 주제, 잘 알고 있는 분야에서 **문제의식**을 발견한다. 교육연구는 내가 담당하고 있는 학교급과 대상에서, 교과와 과목에서, 진로지도와 영재교육 등 내가 참여하거나 관찰한 경험이 있는 특정한 분야와 영역에서 주제를 찾는 것이 가장 일반적이다. 내게 친숙한 교육장면, 내가 이미 알고 있는 배경지식을 가진 상태에서 문제의식을 가지기가 용이하다. 설문조사나 면담조사를 실시하는 등 연구의 실행 가능성에 있어서, 그리고 연구결과를 도출하였을 때 이를 맥락적으로 설명하고 논의하는 데 있어서 연구 현장과의 근접성은 중요하게 작용한다. 평소 가지고 있던 질문에 대한 답을 학술적으로 얻을 수 있다면 좋은 연구가 될 수 있다.

그러나 익숙한 장면에서 새로운 것을 찾아내지 못하기도 하고, 이미 가지고 있는 선입견과 편견이 작용할 수도 있다. 예컨대, "내가 받았던 교사양성교육이 효과가 없었다"는 생각을 가지고 있던 초등교사는 '교육대학에서의 교육은 교사의 직무수행에 도움이 안된다'는 결론을 가지고 연구를 출발했다. 그러나 정도의 차이는 있을지라도 '교사양성교육이 현직에 전혀 도움이 안된다'는 연구결과가 도출되지는 않는다. 마을교육에 대한 긍정적인 신념을 가진 교사는 자신이 근무하는 학교의 마을교육활동 사례를 체계적으로 정리하여 전파하고자 하는 마음을 가지고 연구를 하고자 했다. 자신이 주축이 되어 진행한 마을교육활동 사례를 객관적으로 연구할 수 있을까? 다른 학교의 사례들을 대상으로, 그리고 동일한 학교급 외에 다른 학교급의 사례들을 확인한다면 좀더 입체적으로 연구할 수 있다. 현장이 없는 전업 연구자는 연구가 불가능한가? 그렇지 않다는 것을 참고하면, 현장이 있는 연구자의 경우도 완전히 새로운 현장을 연구하는 것이 가능하다는 것이 이해될 수 있을 것이다.

둘째, 많이 읽고, 정리하고, 생각하는 작업을 꾸준히 반복한다. 학습의 과정 없이 논문을 작성하는 경우는 없다. 학위과정에서 이루어지는 공식적 · 비공식적 학습은 연구와 논문 작성의 밑거름이다. 대학원에서 제공하는 교육과정과 수업을 통해 여러 문헌들을 읽고, 관련되는 문헌들을 스스로 찾아서 읽도록 한다. 내가 읽은 것만큼 볼 수 있다. 평소 연구물을 깊게 많이 읽고, 어느 정도 체계적인 지식기반을 갖추고 연구자로서의 관점과 안목을 기르게 된다면, 학계에서 중요하고 관심을 가질 만한 주제를 발견해낼 수 있을 것이다. 하나 더 덧붙인다면, 내가 준비하는 논문의 최근 연구물, 예컨대 교육대학원 석사논문을 준비한다면 최근 졸업자의 논문들을, 대학원 박사논문을 준비한다면 주요 대학원 동일 전공의 박사논문들을 꾸준히 읽어보는 것이 연구주제 선정에 도움이 될 수 있다.

셋째, 최근 이슈와 연구동향을 지속적으로 확인한다. 가장 강조하는 방법은 **학회** 참여, 전공하는 분야의 주요 **학술지** 논문 검색이다. **한국교육학회**는 교육학 분야에서 모든 영역을 망라하는 대표적인 학회로 '모학회'라고 일컬어지며, 교육행정학회, 교육심리학회, 교육공학회 등 각 분야의 전문학회의 학술활동이 활발하다. 학회에서 개최하는 학술대회와 각종 포럼 등에 참여하여 발표되는 연구와 주제를 접하면서 연구주제 탐색에 도움을 받을 수 있다. 가능하다면 대학원생 포스터 발표, 신진학자 발표 등의 세션에 참여하여 직접 연구진행과정을 발표하고 검토를 받을 수 있으면 좋다. 주기적인 학술지 논문 검색과 탐독은 최근 중요하게 논의되는 학술적, 실제적 주제가 무엇인지 확인할 수 있다. 우리나라는 학술지 심사와 발표 주기가 길지 않아 현안이 곧바로 학술논문으로 다뤄지고 있다.

교육학 분야 주요 학술대회

- 한국교육학회 연차학술대회: 매년 6월 2~3일간 개최(주제 발표, 분과학회 세션, 기관 세션, 학생포스터 세션 등)
- 5개 학회 연합학술대회(한국교육행정학회, 한국교원교육학회, 한국교육재정경제학회, 한국교육정치학회, 한국지방교육경영학회): 매년 4월 1일간 개최(주제 발표, 학회 세션)
- 개별 학회 학술대회: 학회마다 연 1회~4회 등 다양하게 개최
  예) 한국교육행정학회: 춘계학술대회(5개 학회 연합학술대회), 하계학술대회(한국교육학회 연차학술대회), 연차학술대회(11월 개최)

코로나19가 발발한지 얼마 안되어, 2020년 중반부터 코로나19 상황의 교육현장에 대한 연구들이 대거 발표되기 시작했다. 국제학술지가 6개월~2년 정도의 심사과정을 거쳐 논문 투고가 확정되는 것과 비교하면, 한국은 대단히 빠르다. 교육학계가 역동적이고 변화에 민감하다고 볼 수 있는데, 시의성 있는 주제들을 접할 수 있도록 관심을 두어야 한다. 당연하지만, 차분하게 꾸준하게 이루어지는 연구도 필요하다는 것 또한 덧붙인다.

참고로, 교육학 분야 주요 **학술지**는 〈표 Ⅰ-1〉과 같다. 한국교육학회와 그 분과학회에서 출간하는 학술지를 정리하였는데 분야별로 가장 저명한 학술지라 할 수 있다. 이 밖에도 많은 학회와

표 I-1 교육학 분야 주요 학술지

구분	기관	발간 학술지
학회	한국교육학회	교육학연구
	한국평생교육학회	평생교육학연구
	한국교육심리학회	교육심리연구
	한국교육과정학회	교육과정연구
	한국교육행정학회	교육행정학연구
	한국교육사회학회	교육사회학연구
	한국교육철학학회	교육철학연구
	한국교육사학회	한국교육사학
	한국비교교육학회	비교교육연구
	한국유아교육학회	유아교육연구
	한국도덕교육학회	도덕교육연구
	한국교육평가학회	교육평가연구
	한국교육공학회	교육공학연구
	한국초등교육학회	초등교육연구
	한국교육상담학회	교육상담연구
	한국통일교육학회	통일교육연구
	한국통합교육학회	통합교육과정연구
	한국교육원리학회	교육원리연구
	한국교원교육학회	한국교원교육연구
	한국영재교육학회	영재와 영재교육
	한국열린교육학회	열린교육연구
	한국교육방법학회	교육방법연구
	한국교육재정경제학회	교육재정경제연구
	한국인력개발학회	HRD연구
	한국교육정치학회	교육정치학연구
	한국인구교육학회	인구교육
	한국지방교육경영학회	지방교육경영
국책 연구 기관	한국교육개발원	한국교육
	한국교육과정평가원	교육과정평가연구
	한국직업능력연구원	직업능력개발연구
	한국청소년정책연구원	한국청소년연구
	육아정책연구소	육아정책연구
SSCI	서울대학교 교육연구소	Asia-Pacific Education Review(APER)
	한국교육개발원	KEDI Journal of Educational Policy(KJEP)

대학 연구소 등에서 **KCI** 등재 학술지가 발행되고 있다. 국책연구기관 발행 학술지도 있으며, 교육학 분야에서 국제저명 학술지로 인정되는 **SSCI**(Social Sciences Citation Index, 사회과학인용색인) 학술지를 발행하는 곳이 있다. 참고할 만한 논문을 찾는 것뿐만 아니라 추후 자신의 연구를 투고할 학술지를 찾을 수 있을 것이다.

세상에는 두 가지 유형의 사람이 있다고 한다.
'논문'을 써본 사람과 써보지 않은 사람!

논문을 쓰는 사람(연구하는 사람)은 어떤 사람일까?

- 읽는 인간: 많이 읽기, 깊게 읽기
- 듣는 인간: 잘 듣기, 알아듣기
- 쓰는 인간: 늘 쓰기, 제대로 쓰기
- 찾는 인간: 발견하기, 구성하기

연구의 출발점에서 반드시 해야 할 것은? "읽고 또 읽으라"

❹ 선행연구 수집과 정리를 위한 tip

선행연구 분석의 의미와 목적은 앞에서 간단히 살펴보았다. 여기에서는 선행연구를 체계적으로 수집하고 정리하여 연구에 효과적으로 활용하기 위한 실제적인 전략을 살펴보도록 한다.

선행연구를 폭넓게 조사하고 수집하려면 주로 연구주제의 검색어로 찾게 된다. 각종 학술검색 사이트에서 주요 키워드를 검색하여 찾는데, 한 예를 살펴보자. '교육격차'를 키워드로 검색하면 수많은 연구물이 검색될 것이다. 오래 전 연구도 있고 최근 연구도 있을 것이다. 가급적 10년 내 이루어진 연구를 중심으로 먼저 살펴보고, 주요 개념과 연구사 정리를 확인한 후 인용된 연구들을 찾아볼 것을 권한다. 컴팩트하게 작성되는 학술논문을 주로 참고하고, 학위논문은 박사논문을 찾아보면 충실하고 풍부한 연구사 정리를 확인할 수 있다. 교육격차의 개념, 원인, 양상, 실태, 관련 변인, 관련 변인간 관계, 방안, 정책 등 필요한 내용들을 확인하고 정리하면서 스스로 개념과 연구사를 정리하도록 한다.

연구에서 중요한 개념과 이론을 정리할 목적이라면 우수한 연구, 대표적인 연구를 찾을 필요가 있다. 예컨대 '자기효능감(self-efficacy)'은 이 개념을 선구적으로 제기한 Bandura의 1977년 연구를 주로 인용하는 것으로 출발한다(Bandura, 1977). 여기에 학생 효능감, 교사 효능감 등 대상에 따른 정의와 구성요인, 최근의 연구동향 등을 폭넓게 살펴보고 나의 연구주제에 맞게 좁혀 나간다. 한국에서 제안된 '학교 컨설팅'의 경우, 이 개념을 최초로 제시한 진동섭의 정의와 원리(진동섭, 김효정, 2007)를 우선적으로 참고하고, 이후 독창적인 관점이 있는 연구들을 확인하여 정리한다.

선행연구에서 석사논문은 참고하되 인용하지 않는데, 연구물이 많다면 독창성이 다소 부족할 수 있는 석사논문을 굳이 인용할 필요는 없다. 단, 중요한 가치가 있다면 연구의 직접적인 결과는 인용해도 무방하다. 외국문헌도 살펴보는 것이 좋다. 먼저 국내문헌을 살펴보면서 공통적으로 인용되는 중요하고 대표적인 문헌을 찾아보고, 최근 연구들을 검색하여 가능하면 저명한 학술지에 게재된 연구들을 살펴본다. 강조하자면, 연구의 중요한 개념이나 이론 등에 관한 부분은 처음 혹은 본격적으로 이를 연구한 선행연구를 찾아 인용하고, 논문에서 독창적으로 정리한 내용이 아닌 것은 연구결과가 아닌 이상 인용하지 않는다. 이는 선행연구를 면밀히 읽어보아야 확인할 수 있고, 선행연구를 읽으면 읽을수록 우수성과 독창성에 대한 인식이 선명해질 것이다.

연구가 희소한 경우, 주제어로 검색해도 연구가 몇편 되지 않을 때도 있다. 이 경우는 석사논문이라도 모두 찾아서 읽어보아야 한다. 단, 직접적인 용어로는 얼마 검색이 안되는 경우에도 범위를 넓혀 검색하면 많은 연구가 검색될 수 있다. 예컨대 '혁신교육지구'와 같이 최근 등장한 사업이나 정책은 교육과 지역, 마을교육, 마을교육공동체, 혁신학교 등 다양한 용어로 검색해본다. 교사의 '역량'을 연구할 경우, '역량'으로 검색되는 연구 외에도 전문성, 능력 등도 찾아보아야 한다. 예컨대 'OECD 교육 2030'에 포함되면서 최근 부상한 개념, '행위주체성(agency)'은 주도성, 행위자성 등 다양한 용어로 연구되었을 가능성이 있어 역시 함께 찾아보도록 한다.

여기에서 검색 팁 하나! **큰따옴표 검색**을 기억하기 바란다. 검색어로 〈교사 효능감〉을 입력하면 '교사'와 '효능감'이 동시에 출현하는 논문을 모두 보여주지만, 큰따옴표를 단어 앞뒤로 추가하여 〈"교사 효능감"〉을 입력하면 교사 다음에 효능감이 나오는 경우만 검색해주어 편리하다. 대부분의 사이트에서 연구와 기사 등을 검색할 때 적용되니 시도해보기 바란다.

선행연구는 주로 학술논문과 학위논문 중심으로 검색하고 찾아보지만, 양질의 **연구보고서**와 단행본 전문서에도 좋은 내용이 포함되어 있을 가능성이 있다. 특히 국책연구기관과 시도교육청의 연구기관에서 최근의 주요 이슈와 동향을 확인할 수 있다. 관심있는 연구기관이 있다면 주기적으로 홈페이지를 방문하여 업데이트되는 연구들을 확인하도록 한다.

교육관련 연구보고서 주요 발행기관 (홈페이지 참고)

- 한국교육개발원: 교육정책, 교원제도, 교육통계, TALIS 등 국제 통계, 주로 교육정책과 교원 연구
- 한국교육과정평가원: 교육과정, 교육평가, PISA 등 국제 통계, 주로 교수학습과 평가 연구, 수능과 교원임용시험 등 운영
- 한국직업능력연구원: 진로교육, 직업교육, 진로현황조사 등 진로 통계, 주로 노동시장과 진로 연구
- 한국청소년정책연구원: 청소년, 학교폭력, 주로 학교 밖 청소년 관련 연구
- 한국교육학술정보원: 교육정보화, 에듀테크, 주로 교육공학 관련 연구
- 경기도교육연구원: 경기도교육청에서 추진하는 각종 정책 및 시의성 있는 연구
- 시도교육청 산하 교육정책연구소: 해당 지방교육의 현안 연구
- 시도교육감협의회: 전국 차원의 지방교육 현안 연구
- 교육부 정책중점연구소: 한국지방교육연구소, 학교폭력예방연구소, 교육재정중점연구소 등, 교육부 현안 연구

학술검색 사이트는 한국교육학술정보원에서 운영하는 학술연구정보서비스(RISS)가 대표적이다. 여기에는 학위논문, 학술논문, 보

고서, 단행본 등이 총 망라되어 검색된다. 행정안전부에서 관리하는 정책연구관리시스템(PRISM)은 공공기관의 연구물을 탑재하는 사이트로 교육부와 교육청에서 발주한 정책연구를 확인할 수 있다. 한국연구재단에서 운영하는 한국학술지인용색인(KCI)은 논문 검색 외에도 KCI 등재 학술지를 확인하고 **논문유사도 검사**를 할 수 있어 유용하다.

이 밖에 검색엔진을 통한 전문적인 학술검색 사이트로 네이버 학술정보, 구글 스칼라가 있다. 개인적으로는 궁금한 것이 있을 때 스마트폰으로 주제 검색을 하고자 하면, **네이버 학술정보**를 통해 학술논문과 학위논문을 찾아보고, 원문도 다운받아 확인하는 것이 편리하다. 외국문헌은 단연 **구글 스칼라**다. 아티클 검색과 함께 원문도 입수할 수 있으며, 단행본 서적도 검색하기 쉬운데 PDF 파일을 제공하는 경우도 있다. 이러한 학술검색 사이트를 모두 경험해보고, 자신에게 편리하고 효과적인 사이트를 선택하여 집중적으로 찾으면 된다.

주요 학술검색 사이트

- 학술연구정보서비스(RISS) http://www.riss.kr/index.do
- 정책연구관리시스템(PRISM) https://www.prism.go.kr/homepage/
- 한국학술지인용색인(KCI) https://www.kci.go.kr/kciportal/main.kci
- 네이버 학술정보 https://academic.naver.com/
- 구글 스칼라(구글 학술정보) https://scholar.google.co.kr/schhp?hl=ko

덧붙여, 학술지를 발행하는 **학회**의 홈페이지와 **대학 도서관** 홈페이지를 추천한다. 각종 학술검색 사이트에서 검색한 논문의 원문을 무료로 입수하지 못할 경우, 학술지를 발행한 학회의 홈페이지를 가보면 로그인 절차 없이 공개하고 있는 경우가 많다. 예컨대 한국교육행정학회 홈페이지(https://keas1967.com/ 52)에서 『교육행정학연구』에 게재된 학술논문을 확인하고 파일을 다운받을 수 있다. 그리고 학위논문의 경우 대부분 대학의 도서관 홈페이지에 원문을 공개하고 있다. 예컨대 서울대학교 중앙도서관 홈페이지(https://lib.snu.ac.kr/)를 방문하고 관심있는 키워드를 검색하여 학위논문을 찾아보기 바란다.

검색과 함께 원문을 찾는 것이 중요한데, 앞에서 살펴본 RISS와 KCI 등 학술검색 사이트는 학위과정에 있거나 대학에 근무하고 있다면 통상 대학과 협정이 체결되어 무료로 원문을 제공하고 있기에 원문 입수가 용이하다. 최근에는 온라인 학술정보의 공유가 활발하다. **DOI**(Digital Object Identifier)는 온라인상의 디지털 콘텐츠에 부여하는 알파벳+숫자 기호 체계로, 학술 논문도 고유 번호가 있어 인터넷 어디로 주소를 옮기던 찾아갈 수 있도록 만든 고유식별자다. 이용자의 접근 편의성을 높이고 국제적 유통을 용이하게 함으로써, 저널과 논문의 인용 기회를 확대하고 학술정보의 활용성을 제고하려는 데 목적이 있다. 검색화면에서 DOI가 표시되었다면 이를 통해 원문을 온라인으로 입수할 수 있다. 국내외 대부분의 연구물(주로 학술논문)에 DOI가 부여되고 있고, 참고문헌에도 명기하도록 하는 경우가 늘고 있다. 원문의 수집은 크게 걱정할 필요가 없고, 학술자료 원문을 무료로 확보하는 것은 여러 번 검색하다 보면 노하우가 쌓일 것이다.

예를 들어, 교육용 동영상 제작에 대한 연구를 검색하다가 발견한 “Five ways to increase the effectiveness of instructional video”라는 제목의 논문 파일을 찾아보자. **네이버 학술정보**에서 검색하면 DOI 정보(10.1007/s11423-020-09749-6)를 확인할 수 있고, 이를 클릭하면 원문을 다운받을 수 있다.

구글 스칼라에서 이 제목을 전체 혹은 일부를 입력하면 검색되는 화면은 다음과 같다.

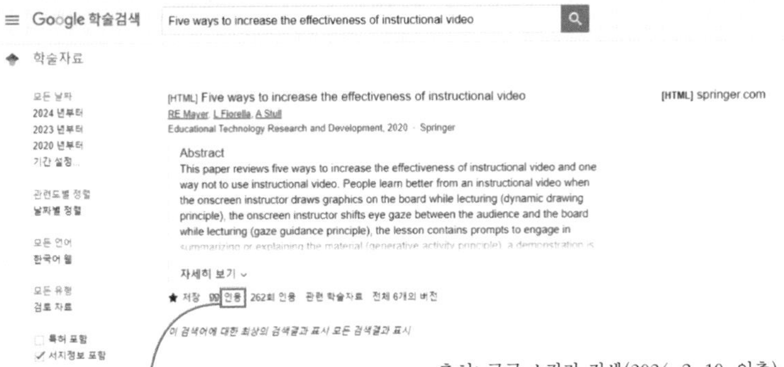

출처: 구글 스칼라 검색(2024. 2. 10. 인출).

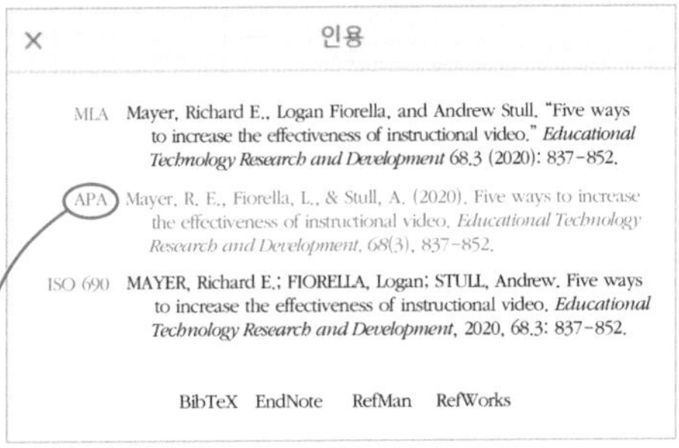

APA Mayer, R. E., Fiorella, L., & Stull, A. (2020). Five ways to increase the effectiveness of instructional video. *Educational Technology Research and Development*, *68*(3), 837-852.

여기에서 논문 PDF 파일을 다운 받을 수 있다. 상당수의 국제 학술지 논문들이 회원 가입 없이 무료로 다운받을 수 있게 되어 있다. 구글 스칼라가 편리한 것 중 하나는 인용할 수 있는 형식을 자동으로 제공한다는 점이다. 구글 스칼라 검색 화면에서 “**인용**”을 클릭하면 세 가지 방식의 참고문헌 형태로 정리된다. 이 중 가장 대표적인 **APA**(American Psychological Association, 미국심리학회) 방식의 인용을 복사하여 활용하면 된다.

한국문헌도 이와 같은 방식으로 인용까지 정리되어 편리하다. 그러나 바로 복사하는 대신, 연구자의 확인 과정이 필요하다. 영문 기준이므로 예컨대 한국문헌의 공동저자 표기(‘&’ 넣지 않음), 학술지명 표시(이탤릭 하지 않음) 등은 외국과 다르므로 손을 볼 여지가 있다. 이것은 RISS에서 인용을 복사하는 경우에도 마찬가지다.

수집한 선행연구는 어떻게 정리할까? 개인적으로 활용하는 1차적인 정리와 논문에서 본격적으로 작성하는 2차 정리는 다르다. EndNote, Mendeley 등 서지관리 프로그램의 도움을 받아 정리할 수도 있고, 각자의 방식으로 파일링 할 수도 있다. 먼저 소속된 기관의 **도서관 이용자 교육**을 수강할 것을 추천한다. 충남대학교의 경우, 도서관 홈페이지(https://library.cnu.ac.kr/)의 연구학습지원 항목에서 다양한 도움을 전문적으로 받을 수 있다. 날로 진화하는 도서관 서비스를 이용하고 꾸준히 업데이트하도록 한다.

출처: 충남대학교 도서관 홈페이지.

이 밖에 연구를 위한 유용한 자료 검색을 살펴보자. 특정한 용어의 사전적 정의는 국립국어원 **표준국어대사전**을 일차적으로 참고하고 활용한다. 각종 법령은 법제처에서 운영하는 **국가법령정보센터**에서 검색하여 가장 최신 법령을 확인한다. 역사적인 자료는 한국학중앙연구원에서 운영하는 **한국학자료통합플랫폼**을 통해 검색, 수집할 수 있다. 학생, 학급, 학교, 교원 등 교육현황 통계는 한국교육개발원에서 운영하는 **교육통계서비스**(교육통계연보, 간추린 교육통계 등)를 통해 검색하고 가공하여 활용한다. 각급 학교의 **교육정보공시** 자료는 학교알리미, 대학알리미, 유치원알리미 등을 통해 검색할 수 있다.

기타 자료 검색 tip

- 사전 검색: 국립국어원 표준국어대사전 검색 및 활용 권장
  stdict. korean.go.kr
- 법령 검색: 국가법령정보센터 검색 www.law.go.kr
- 사료 검색: 한국학자료통합플랫폼 https://kdp.aks.ac.kr/

- 교육통계 검색: 한국교육개발원 교육통계서비스 검색
  kess.kedi.re.kr (교육통계연보)
- 정보공시 검색: 초중등 교육정보 공시서비스 (학교알리미)
  www.schoolinfo.go.kr
  대학알리미 www.academyinfo.go.kr
  유치원알리미 e-childschoolinfo.moe.go.kr

5 연구방법 개요

연구방법은 연구문제의 답을 찾도록 하는 수단이며, 연구를 성립하게 만드는 중요한 요소다. 여기에서는 주요 연구방법을 개괄적으로 소개하도록 한다. 대표적인 연구방법인 양적연구와 질적연구는 Ⅱ장과 Ⅲ장에서 각각 자세히 다룰 것이며, 다른 방법들은 선택을 검토할 경우 좀더 자세히 알아볼 것을 권한다.

구체적인 연구방법에 앞서 연구의 성격을 살펴보자. 연구는 일반적으로 **기초 연구**(basic research)와 **응용 연구**(applied research)로 나눌 수 있다. 학문에 따라 기초 학문과 응용 학문으로 구분할 수 있지만, 교육연구도 기초와 토대를 구축하는 연구와 현실에서의 실천과 적용에 초점이 있는 연구로 구분할 수 있다. 인문학으로 분류되는 교육철학, 교육사학의 연구는 기본적으로 기초 연구의 성격을 가지고, 사회과학에 속하는 기타 교육학 분과 학문들은 기초와 응용 연구가 동시에 이루어진다. 교육행정학의 경우, 학교

조직을 설명하는 이론을 논리적으로 도출하는 기초 연구, 학교조직의 개선을 위한 프로그램의 효과를 분석하는 응용 연구를 예로 들 수 있다. 교육현장을 위한 응용적인 연구가 많이 이루어지지만, 토대를 구축하는 성격을 가진 기초적인 연구도 필요하다.

사회과학의 연구는 **기술적 연구**(desccriptive research)와 **처방적 연구**(prescriptive research)로 나눌 수 있다. 사회 현상의 실제를 이해하는 것에 관심이 있다면 기술적 연구, 그 해결방안을 제공하는 데 관심이 있다면 처방적 연구라 할 수 있다. 전자는 정확하게 실태를 파악하거나 현상을 이해하고자 하며, 후자는 가설을 세워 변인 간의 관계를 실증적으로 분석하여 그 결과를 바탕으로 대안을 제공하거나 실제적인 방안을 도출하는데 집중하고자 한다. 교육행정학의 경우, 학교조직에서 무슨 일이 어떻게 일어나는가를 설명하는 기술적 연구, 학교조직의 주요 변인, 예컨대 리더십과 학업 성취도와의 관계를 분석하여 리더십이 중요하고 리더십 교육이 필요하다고 주장하는 처방적 연구를 예로 들 수 있다.

사회과학으로서 교육연구는 주로 응용 연구, 처방적 연구의 성격을 강하게 가지고 있다. 그러나 이론적 토대 없이 현실의 개선을 논하기 어렵다는 점에서 기초 연구, 그리고 정확한 현실 이해와 분석 없이 정확한 처방 또한 어렵다는 점에서 기술적 연구도 각광 받고 있다. 또한 이러한 연구의 성격이 엄밀하게 구분되지 않고 혼재되어 이루어지기도 하며, 동시에 추구하기도 한다.

교육행정학의 연구 동향을 분석한 연구(임연기, 김훈호, 2018)에서는 연구를 〈표 Ⅰ-2〉와 같이 분류하였다. 앞서 언급한 대로 연구의 기능에 따라 기초 연구와 응용 연구가 있고, 추구하는 목표에 따라 탐색, 기술, 설명, 예측, 평가, 지표(모형) 개발 연구가 제시되었다. 내가 관심있는 연구의 성격과 방향은 무엇이며, 어떠한 연

표 I-2 연구의 기능과 목표

구분			분류 준거
기능에 따른 분류	기초연구	순수 이론적 담론 연구	■ 기존 이론의 검토, 비판, 수정, 개발 ■ 새로운 이론의 정립
		이론과 경험적 연구의 연계	■ 기존 이론을 경험적으로 검증 ■ 실제적 관찰의 결과를 통해 경험적 일반화 시도
	응용연구	평가연구	■ 시행 중인 정책, 프로그램, 운영방식 등에 대한 평가 및 개선방안 제시
		실천(실행)연구	■ 문제해결을 위한 새로운 기술이나 접근방법의 개발 및 효과 탐색 ■ 교육실천 과정에서의 문제들에 대한 분석 연구(실행연구, 현장실천연구)
		사회적 영향평가 연구	■ 정책, 계획, 사업 등의 사회적 영향력 예측 및 부정적 영향을 줄이기 위한 대책 마련
추구하는 목표에 따른 분류	탐색을 위한 연구		■ 연구문제에 대한 선행연구가 부족하거나 없을 경우 실시하는 탐색적 연구
	기술을 위한 연구		■ 집단, 사건, 현상 등의 상태나 특성, 관계 등을 기술하기 위한 연구
	설명을 위한 연구		■ 사건이나 현상의 발생 원인에 대한 인과관계 연구(실험 및 준실험 연구 등)
	예측을 위한 연구		■ 사건이나 현상에 대한 예측 연구(동향분석, 경향분석 등)
	평가를 위한 연구		■ 사건이나 현상에 대한 과정 평가 또는 결과(효과) 평가 연구
	지표(모형) 개발 연구		■ 모형 및 지표의 개발 연구

출처: 임연기, 김훈호(2018). p.362.

구를 할 것인지 생각해 보도록 한다.

연구자는 어떠한 연구방법이 있는지 폭넓게 인지하고, 내가 수행하려는 연구주제와 목적에 맞는 연구방법을 정한 후, 이를 깊게 학습하고 익혀야 한다. 여기에서는 주요 방법과 개요를 간단하게 살펴본다.

미국심리학회(American Psychological Association, 2019)에서 제시하는 양적연구, 질적연구, 혼합방법, 메타분석에 대한 설명을 소개하면 다음과 같다.

양적연구(quantitative research)는 행동·사회과학과 관찰된 성과가 수치로 나타나는 관련 분야에서 흔히 사용되는 접근법으로, 측정 시스템의 수량적 성질에 의존하는 방법(통계, 데이터 분석, 모델링 기법)을 사용하여 분석된다. 양적연구에는 다양한 실험설계와 분석기법이 사용되며, 논문에는 서론(introduction), 방법(method), 결과(results), 논의(discussion)가 포함된다. 문헌 고찰과 연구가설은 서론에 포함되나 학위논문에서는 통상 이론적 배경을 별도로 구성한다.

질적연구(qualitative research)는 인간의 경험 또는 행위에 대한 지식 생성에 사용되는 과학적 실천을 말하며, 사례연구(case study)가 대표적이다. 사례연구는 한 가지 문제를 심도있게 보여주고, 문제해결을 위한 수단 제시, 필요한 연구, 임상적 적용, 이론적 사안 등을 조명한다. 질적연구의 논문은 주제별 또는 연대순으로 체계화되며, 반성적, 1인칭 형식으로 연구자들이 그 분야를 위한 질문, 방법, 결과, 그리고 고려사항에 도달한 방식을 논문에서 세밀하게 제시한다.

혼합방법(mixed method)은 양적 및 질적 접근을 결합한 연구내용을 보고하는 방법이다. 혼합방법의 기본 가정은 양적 및 질적 연구가 결합하여 산출된 연구결과는 양적 혹은 질적 결과만으로는 얻지 못하는 부가적인 통찰을 가져온다는 것이다. 혼합방법에는 수렴적 설계(양적·질적 자료 별도 수집·분석 후 결과 분석), 설명적 순차 설계(양적 자료수집·분석 후 질적 자료수집·분석하여 결론 도출), 탐색적 순차 설계(질적 자료수집·분석 후 양적 자료를 통해 도구 개발 및 검증) 등이 있다. 이것은 양적 절차인 혼합모델 연구(mixed models research) 또는 동일 접근의 다수 연구방법을 사용하는 다중방법 연구(multimethods research)와는 구별된다.

메타분석(meta-analysis)은 한 가지 주제에 관하여 현존하는 연구에 근거하여 일반적인 결론을 도출하기 위해 관련 연구에서 발견된 사실을 사용하는 방법이다. '연구'가 메타분석의 입력 단위이며, 양적 메타분석과 질적 메타분석이 있다. 양적 메타분석은 개별 연구들로부터 효과크기 측정값을 분석하여 종합하는 기법이고, 질적 메타분석은 질적연구의 일차 분석 전략을 통해 발견된 사실을 종합하는 기법이다.

이 밖에 교육 분야에서 이루어지는 연구는 다음과 같다.

문헌연구는 문헌자료를 논리적으로 혹은 체계적으로 분석하는 연구로 범위가 넓다. 이론을 검토하거나 새롭게 만든다면 이론적 연구, 논리적인 과정에 따라 현상이나 정책을 분석하거나 논리를 제시한다면 논리적 연구라고도 한다. 교육철학과 교육사학의 연구는 각각 철학적 연구, 역사적 연구로 별도로 분류할 수 있다. 특정한 문헌 자료를 체계적으로 수집하여 분석하는 경우, 예컨대 특정 주제의 연구물을 수집하여 연구동향을 분석하는 것, 시도교육청의 주요업무계획을 분석하는 것, 교사양성기관의 교직과목 개설과 운영에 대한 자료를 분석하는 것 등은 좁은 의미의 문헌 연구로 볼 수 있다(권희청, 박수정, 2020; 박수정, 맹재숙, 우현정, 2016; 박수정, 조하영, 유진설, 2023). 이를 질적자료의 분석에 초점을 둔다면 질적연구로도 분류될 수 있다. 대부분 책과 기록물 등을 광범위하게 분석하여 연구자의 논지를 체계적으로 정리하거나 특정한 이론적 관점에 터하여 분석하며, 계량화되지 않는 현상, 법과 제도, 정책에 대한 연구가 많다. 최근에는 **체계적 문헌고찰**(systemic review)을 적용한 논문들이 많이 발표되고 있다.

실행연구(action research)는 '실행'과 '연구'를 분리하지 않고 실행가가 연구의 주체가 되어 자신의 실천을 스스로 탐구해가는 연구방식이다(강지영, 소경희, 2011). 빈곤과 인종차별 등의 사회적 문제를 해결하기 위해 계획-실행-성찰-재계획의 연속적인 과정을 반복하는 Kurt Lewin(1946)의 제안에 기초를 두고 있다. 교육에서는 교사 스스로가 연구를 통해 현장을 이해하고 통찰하는 가운데 문제를 해결해나가는 방식이 대표적이다. 실행가가 연구의 대상이 아닌 주체이고, 이론과 실제의 통합을 지향하며, 사회개혁 또는 교육실천을 목적으로 한다. 사회 개혁과 인간 해방 등 비판적인 관점에서 수행되는 비판적 실행연구, 교육활동 또는 전문성 개발 계획을 집단적으로 세우고 진행하는 협력적 실행연구 등이 있다. 실행연구는 현장을 대상으로 하는 현장연구와 유사한 점이 있으나 좀더 학술적인 성격을 가지며, 주로 질적인 방법으로 이루어진다.

최근에 많이 이루어지는 **네트워크 분석**(network analysis) 연구는 수리적 분석에 기반한 양적연구에 속하지만 정성적인 측면이 가미된 방법이다. 단어와 단어 간의 관계를 분석하는 언어 네트워크 분석(text network analysis), 비정형 데이터의 텍스트를 구조화하여 분석하는 텍스트 마이닝(text mining), 단어들을 이용하여 잠재된 토픽을 추출하는 토픽 모델링(topic modeling) 등이 있다. 토픽의 명칭을 연구자가 만들어야 하는 것에서 알 수 있듯이 통계적 방법이지만 정성적인 요소가 포함되기 때문에 제3의 방법으로 분류하기도 한다.

연구방법의 유형에 따른 논문 예시

양적연구 논문 예시

- 박환보(2017). 초중등연계 세계시민교육의 효과 분석. 국제이해교육연구, 12(2), 97-124.
- 이동엽, 함은혜, 함승환(2019). 한국에서 교사의 효능감은 왜 낮은가? 학교자율성 제도화의 중요성. 교육행정학연구, 37(1), 63-81.
- 박수정, 정바울, 박정우(2021). 학교자치 진단도구 개발 연구. 한국교육문제연구, 39(3), 107-133.

질적연구 논문 예시

- 정바울(2012). 교사의 자기계발 논리 형성과 교직문화의 변화. 교

육행정학연구, 30(1), 549-573.
- 성열관, 이형빈(2014). '수업시간에 자는 중학생' 연구: 수업참여 기피 현상에 대한 근거이론. 교육사회학연구, 24(1), 147-171.
- 서덕희(2021). "이게 학교야?": 코로나 팬데믹 상황, 온라인학교 체험을 통해 본 학교의 의미. 교육인류학연구, 24(4), 39-89.

혼합연구 논문 예시

- 김두정(2009). 교육과정 실행에 관한 교사의 이론: 혼합적 연구방법을 통한 교사의 실천적지식의 탐구. 교육과정연구, 27(3), 127-157.
- 임종헌(2019). '자유학기 활동' 운영 과정에 대한 혼합 방법 연구. 한국교육, 46(2), 61-91.
- 강지영(2020). 온택트 시대의 시뮬레이션 간호실습교육: 혼합방법 사례연구. 학습자중심교과교육연구, 20(18), 937-957.

메타분석 논문 예시

- 김요진, 이희숙(2016). 교사 직무스트레스 관련 변인에 대한 메타분석. 교육행정학연구, 34(4), 25-47.
- 이혜진, 안문상, 이진구(2018). 대학수업에서 팀 기반 학습과 플립러닝에 관한 메타분석. 학습자중심교과교육연구, 18(21), 1253-1280.
- 박상완(2018). 혁신학교 교사학습공동체에 관한 질적 메타분석. 한국교육, 45(4), 109-138.

문헌연구 논문 예시

- 주현준(2016). 교육리더십 연구의 재조명. 교육행정학연구, 34(1), 25-45.
- 박효원(2021). 초등학교 교사의 발달과정 및 영향요인: 체계적 문

헌고찰을 중심으로. 교육행정학연구, 39(3), 189-217.

- 윤명선(2022). 한국의 장학정책 변화 분석: 역사적 제도주의 관점을 중심으로. 충남대학교 박사학위논문.

실행연구 논문 예시

- 서경혜(2012). 예비교사들의 협력적 수업연구에 대한 실행연구. 한국교원교육연구, 29(2), 49-76.
- 변기용, 백상현(2020). 학부생 비교과 프로그램 개발 실행연구: A 대학 교육정책연구 학습동아리 프로그램을 중심으로. 열린교육연구, 28(5), 103-131.
- 오윤주, 김종훈(2021). 상향식 교육과정 평가 모형 개발 및 적용에 관한 협력적 실행 연구. 교원교육, 37(2), 185-206.

네트워크 분석 논문 예시

- 박수정(2014). 한국 중등교사 양성교육 연구 경향 분석. 교육학연구, 52(3), 1-28.
- 유예림(2017). 빅데이터 분석 기법을 활용한 2015 개정 교육과정 정책에 대한 언론보도 분석. 서울대학교 박사학위논문.
- 권연하, 박세진, 이현숙(2021). 텍스트 마이닝 기법을 활용한 코로나 19 발생 이후 교육격차의 쟁점 분석. 학습자중심교과교육연구, 21(6), 625-644.

〈표 I-3〉은 교육행정학의 연구동향 분석에서 분류한 연구방법과 세부 방법이다. 교육학의 각 분야에서 연구동향 분석 연구가 대부분 이루어지고 있는데, 자신의 전공 분야에서 분류하는 연구방법을 찾아보고 참고하기 바란다. 대표적인 연구방법, 새롭게 부상하는 연구방법을 지속적으로 확인하고 학습할 필요가 있다.

표 1-3 연구동향 분석에서 분류한 연구방법과 세부 방법

연구방법		분류 준거
문헌 연구	개념 및 의미 분석	▪ 교육행정학 이론이나 개념의 의미 분석
	동향분석	▪ 선행연구 및 특정 교육행정 현상의 변화 동향 분석
	비교분석	▪ 정책이나 제도, 프로그램 등의 비교 분석
	사례분석	▪ 특정 사례에 대한 맥락적 정보를 수집하여 심층 분석
	성찰적 분석	▪ 선행연구의 논의들을 기반으로 미래 방향이나 지향 논리를 사변적으로 고찰
	정책·입법과정 분석	▪ 정책이나 법률의 도입 및 집행 과정에 대한 분석
	정책분석평가	▪ 제도나 정책에 대한 평가 및 주요 쟁점을 분석
양적 연구	기술통계	▪ 빈도와 백분율, 평균과 표준편차 등의 분석방법
	초급통계	▪ 상관분석, 교차분석, t-test, 분산분석 등의 분석방법
	중급통계	▪ 중다회귀분석, 로지스틱회귀분석, 요인분석 등의 분석방법
	고급통계	▪ 다변량분석, 다층자료분석, 패널자료분석, 네트워크분석 등의 분석방법
질적 연구	면담	▪ 구조화, 반구조화, 비구조화면담, 대화, 면접 등의 방법
	참여관찰	▪ 연구자가 직접 연구 집단이나 조직에 참여하여 자료수집
혼합 연구	수렴적 설계	▪ 양적·질적 자료 별도 수집 및 분석 후 결과 통합
	설명적 순차 설계	▪ 양적 자료수집·분석 후 질적 자료수집·분석하여 결론 도출
	탐색적 순차 설계	▪ 질적 자료수집·분석 후 양적 자료를 통해 도구 개발 및 검증

출처: 임연기, 김훈호(2018). p.364.

이 밖에도 다양한 연구방법이 있고, 구체적인 방법은 더욱 많다. 새로운 연구방법들이 계속해서 출현, 발전하고 있기에 최신 연구를 꾸준히 살펴보는 것이 필요하다. 특정 연구방법에 대한 전문적인 저술도 참고할 수 있다. 교육학 외 분야, 심리학, 사회학, 행정학, 경영학 등에서 활용되는 연구방법도 살펴볼 필요가 있다.

기본적으로 한 가지 방법을 확실히 터득하고 제대로 사용하면 충분하다. 그러나 학문적 성과를 파악하고 학습하기 위해서는 양적연구와 질적연구 논문을 기본적으로 읽을 수 있고 이해할 수 있어야 한다. 또한 기관에서 이루어지는 정책연구보고서에는 대부분 설문조사와 면담조사가 포함되므로 기본적인 연구 능력을 갖추는 것도 필요하다. Ⅱ장과 Ⅲ장을 탐독하면 양적연구와 질적연구의 기초와 핵심을 이해할 수 있을 것이다.

연구방법론 관련 도서

- 권효숙, 배은주, 신혜숙, 전가일, 전은희, 전현욱(2022). 질적 연구 과정별 접근. 한국교육인류학회 방법론 총서 2. 학지사.
- 오영범(2023). 포토보이스. 교육과학사.
- 유진은, 노민정(2023). 초보 연구자를 위한 연구방법의 모든 것. 학지사.
- 이광현(2023). 교육통계연구방법론. 박영스토리.
- 이동성(2020). 질적 연구와 자문화기술지. 아카데미프레스.
- 조용환, 박순용, 염지숙, 서근원, 강대중, 서덕희(2022). 질적 연구 전통별 접근. 한국교육인류학회 방법론 총서 1. 학지사.

- 설현수(2022). jamovi 통계프로그램의 이해와 활용(3판). 학지사.
- 홍지오(2023). 청소년이 세상을 바꾼다. 박영스토리.
- Charmaz, K. (2006). *Constructing grounded theory: A practical guide through qualitative analysis*. Sage. 이상균 외 역(2013). 근거이론의 구성. 학지사.
- Greenwood, D. J., & Levin, M. (2006). *Introduction to action research: Social research for social change*. SAGE publications. 변기용 역(2020). 실행연구 입문. 학지사.
- Creswell, J. W., & Creswell, J. D. (2017). *Research design: Qualitative, quantitative, and mixed methods approaches*. SAGE Publications. 정종진 외 역(2022). 연구방법: 질적·양적 및 혼합적 연구의 설계. 시그마프레스.
- Yin, R. K. (2018). *Case Study Research Design and Methods*. SAGE Publications. 신경식 외 역(2021). 사례연구방법. 한경사.

타 분야 연구방법론, 논문작성법 관련 도서

- 김용찬(2020). 논문, 쓰다. 컬처룩.
- 원병묵(2021). 원병묵 교수의 과학 논문 쓰는 법. 세로북스.
- 임경석(2023). 역사논문 작성법. 푸른역사.

6 연구윤리 개요

연구윤리는 연구를 수행하는 과정에서 연구자가 마땅히 지켜야 할 윤리를 의미한다. 연구의 전 과정과 연구결과의 보고 및 발표에 이르기까지 연구윤리가 요구된다. 연구를 준비하면서, 그리고 구체적으로 시작하는 단계에서 연구윤리를 염두에 두고 연구에 임해야 한다.

『**연구윤리 확보를 위한 지침**』(교육부훈령 제449호)에는 다음과 같이 **연구자의 역할과 책임**이 제시되고 있다. 연구자는 자율적인 연구 수행의 권리와 동시에 일정한 의무를 가지고 있다.

『연구윤리 확보를 위한 지침』

제5조(연구자의 역할과 책임) 연구자는 연구의 자유에 기초하여 자율적으로 연구를 수행하되, 다음 각 호의 사항을 준수하여야 한다.

1. 연구대상자의 인격 존중 및 공정한 대우
2. 연구대상자의 개인 정보 및 사생활의 보호
3. 사실에 기초한 정직하고 투명한 연구의 진행
4. 전문 지식을 사회에 환원할 경우 전문가로서 학문적 양심 견지
5. 새로운 학술적 결과를 공표하여 학문의 발전에 기여
6. 자신 및 타인의 저작물 활용 시 적절한 방법으로 출처를 밝히는 등 선행 연구자의 업적 인정·존중
7. 연구계약의 체결, 연구비의 수주 및 집행 과정의 윤리적 책임 견지
8. 연구비 지원기관의 이해관계에 영향을 받지 않고, 연구결과물에 연구와 관련된 모든 이해관계 명시
9. 연구결과물을 발표할 경우, 연구자의 소속, 직위(저자 정보)를 정확하게 밝혀 연구의 신뢰성 제고
10. 지속적인 연구윤리교육의 참여

대학과 연구기관 등에서는 자체적으로 연구윤리 규정을 마련하고, 연구윤리 교육을 이수하도록 하고 있다. 연구윤리를 위반하는 **연구부정행위**는 엄격히 금지된다. 『연구윤리 확보를 위한 지침』에는 연구부정행위 유형으로 위조, 변조, 표절, 부당한 저자 표시, 부당한 중복게재, 연구부정행위에 대한 조사 방해 행위를 제시하고 있다.

『연구윤리 확보를 위한 지침』

제12조(연구부정행위의 범위) ① 연구부정행위는 연구개발 과제의 제안, 수행, 결과 보고 및 발표 등에서 이루어진 다음 각 호를 말한다.

1. "위조"는 존재하지 않는 연구 원자료 또는 연구자료, 연구결과 등을 허위로 만들거나 기록 또는 보고하는 행위
2. "변조"는 연구 재료·장비·과정 등을 인위적으로 조작하거나 연구 원자료 또는 연구자료를 임의로 변형·삭제함으로써 연구 내용 또는 결과를 왜곡하는 행위
3. "표절"은 다음 각 목과 같이 일반적 지식이 아닌 타인의 독창적인 아이디어 또는 창작물을 적절한 출처표시 없이 활용함으로써, 제3자에게 자신의 창작물인 것처럼 인식하게 하는 행위
   가. 타인의 연구내용 전부 또는 일부를 출처를 표시하지 않고 그대로 활용하는 경우
   나. 타인의 저작물의 단어·문장구조를 일부 변형하여 사용하면서 출처표시를 하지 않는 경우
   다. 타인의 독창적인 생각 등을 활용하면서 출처를 표시하지 않은 경우
   라. 타인의 저작물을 번역하여 활용하면서 출처를 표시하지 않은 경우

4. "부당한 저자 표시"는 다음 각 목과 같이 연구내용 또는 결과에 대하여 공헌 또는 기여를 한 사람에게 정당한 이유 없이 저자 자격을 부여하지 않거나, 공헌 또는 기여를 하지 않은 사람에게 감사의 표시 또는 예우 등을 이유로 저자 자격을 부여하는 행위
   가. 연구내용 또는 결과에 대한 공헌 또는 기여가 없음에도 저자 자격을 부여하는 경우
   나. 연구내용 또는 결과에 대한 공헌 또는 기여가 있음에도 저자 자격을 부여하지 않는 경우
   다. 지도학생의 학위논문을 학술지 등에 지도교수의 단독 명의로 게재·발표하는 경우
5. "부당한 중복게재"는 연구자가 자신의 이전 연구결과와 동일 또는 실질적으로 유사한 저작물을 출처표시 없이 게재한 후, 연구비를 수령하거나 별도의 연구업적으로 인정받는 경우 등 부당한 이익을 얻는 행위
6. "연구부정행위에 대한 조사 방해 행위"는 본인 또는 타인의 부정행위에 대한 조사를 고의로 방해하거나 제보자에게 위해를 가하는 행위

연구부정행위 중 위조와 변조는 고의성이 있고 해악을 가져온다는 점에서 죄질이 높고, 표절은 잘 몰라서 혹은 실수로 저지를 수 있으나 용인되기 어렵다. 경제·인문사회연구회는 소관 국책연구기관의 연구보고서에 대한 연구윤리 평가를 2012년부터 실시해왔다. 〈표 Ⅰ-4〉는 경제·인문사회연구회의 연구윤리 평가규칙에 제시된 연구부정행위 사례다.

표 I-4 연구부정행위 사례

유형	정의	해당 범위
위조	존재하지 않는 연구 데이터 또는 연구결과 등을 허위로 만들거나 기록 또는 보고하는 행위	▪ 인터뷰를 하지 않았으면서도 가상의 주제에 대한 설문지를 완성하여 연구결과를 허위로 제시하는 경우 ▪ 설문조사, 실험 및 관찰 등에서 나타나지 않은 데이터를 실재하는 것처럼 제시하는 경우 ▪ 실험 등을 통해 얻은 자료의 통계학적 유의성을 추가하기 위해 허구의 자료를 첨가하는 경우 ▪ 연구계획서에 합치한다는 점을 보여주기 위해 연구기록을 허위로 삽입하는 경우
변조	연구 재료, 기기, 연구과정(절차) 등을 인위적으로 조작하거나 데이터를 임의로 변형·삭제함으로써 연구 내용 또는 결과를 왜곡하는 행위	▪ 연구 자료를 의도적으로 실제와 다르게 변경하는 경우 ▪ 연구 자료의 통계 분석 결과가 분명하지 않은 것을 고의 또는 중대한 과실로 그릇되게 설명하는 경우 ▪ 통계학적 근거 없이 연구 자료들을 선택적으로 생략, 삭제, 은폐하는 경우 ▪ 연구 자료를 과장, 축소 또는 변형함으로써 왜곡된 연구결과를 도출하는 경우
표절	해당 분야의 일반 지식이 아닌 연구자 자신이나 타인의 저작물 또는 아이디어를 적절한 출처표시 없이 자기 것처럼 부당하게 사용하는 행위(중복게재, 이중게재 포함)	▪ (단순출처 미표시) 본인 또는 타인의 이미 발표(게재)된 저작물이나 독창적인 아이디어를 활용하면서 출처를 표시하지 않은 경우 ▪ (번역 후 출처 미표시) 본인 또는 타인의 저작물을 번역하여 활용하였으면서도 출처를 표시하지 않은 경우 ▪ (2차 문헌 출처 미표시) 재인용 표시를 해야 함에도 그렇게 하지 않고 직접 원문을 본 것처럼 1차 문헌만 출처 표시를 한 경우

유형	정의	해당 범위
		▪ (부분적 · 한정적 출처 표시) 본인 또는 타인의 저작물을 활용한 경우 그에 대해 모두 출처 표시를 해야 하지만 어느 일부에만 하는 경우 ▪ (포괄적 · 개괄적 출처 표시) 본인 또는 타인의 저작물 상당 부분을 참조했다고 표시했지만 말바꿔쓰기를 하지 않거나 요약하지 않고 그대로 가져다 쓴 경우

출처: 경제 · 인문사회연구회 연구윤리 평가규칙 제2장.

부당한 저자 표시는 기여가 없음에도 저자로 하는 경우와 기여가 있음에도 저자로 하지 않는 경우다. 특히 지도학생의 학위논문을 지도교수가 단독으로 발표할 수 없다. 학위논문은 학위자 본인의 단독연구로 발표하거나 지도교수와 공동저자로 발표해야 한다. 학위논문을 학술논문으로 발표할 경우 제목 각주로 이를 밝히고(예: 이 논문은 ○○○(연도)의 ○○대학교 석사학위논문을 요약, 보완하였음), 공동연구로 발표한다면 당사자를 제1저자로 표기한다. 자신의 학위논문을 학술논문으로 재작성하고 투고를 하는 과정에서 지도교수의 기여가 있다면 공동연구로 발표해도 되지만, 그렇지 않다면 단독연구로 발표해야 한다.

연구부정행위의 판단은 간단치 않다. 과거에는 문제시 되지 않았던 것이 문제가 되기도 하고, 학문 분야에 따라 기준과 판단이 다르기도 하다. 그러나 점점 더 엄격하게 판단하는 추세라는 점에서 반드시 주의할 필요가 있다. 연구윤리 위반의 경우, 학위논문은 학교에서, 학술논문은 학회에서 해당 위원회를 통해 판정하게 된다.

『연구윤리 확보를 위한 지침』

제13조(연구부정행위의 판단) ① 연구부정행위는 다음 각 호의 기준으로 판단한다.

1. 연구자가 속한 학문 분야에서 윤리적 또는 법적으로 비난을 받을 만한 행위인지
2. 해당 행위 당시의 '연구윤리 확보를 위한 지침' 및 해당 행위가 있었던 시점의 보편적인 기준을 고려
3. 행위자의 고의, 연구부정행위 결과물의 양과 질, 학계의 관행과 특수성, 연구부정행위를 통해 얻은 이익 등을 종합적으로 고려

② 제12조 제1항 제7호에서 정한 '그 밖에 각 학문분야에서 통상적으로 용인되는 범위를 심각하게 벗어난 행위'를 판단하고자 할 때에는 대학등 연구자의 소속기관에서 금지되는 행위를 명문으로 정하고 있거나 연구자가 속한 학계에서 부정한 행위라는 인식이 널리 퍼져 있는지 등을 고려하여야 한다.

연구윤리와 관련된 또 다른 이슈는 **유사율, 중복률**이다. 기존 연구와의 유사도는 표절과 관련이 있을 수 있다. 논문이 다른 문헌과의 유사성, 일치도가 얼마나 되는가를 검사하는 도구는 카피킬러(Koppy Killer), 턴잇인(turnitin), KCI 논문유사도 검사(https://check.kci.go.kr/) 등이 있다. 일반적으로 중복률 검사를 했을 때 15%가 넘으면 과도하다고 본다. 국책연구기관에서는 통상 15% 이상을 금지하고 있으며, 대학의 경우 기준이 있는 경우도 있고 없는 경우도 있다. 그러나 15%가 넘는다면 표절로 나타나는 부분을 확인하고, 자신의 글을 살펴보면서 말바꾸기 등을 통해 유

사율을 낮추는 노력을 할 필요가 있다. 참고문헌을 포함하는 경우 유사율이 높아지고, 관행적인 표현을 자주 사용하는 양적연구(예: ~에 대한 분석 결과는 다음과 같다.)도 높을 가능성이 있다. 학술지에 학술논문을 투고할 때에도 유사도 검사 결과를 제출하도록 하는 경우가 있다. 논문 심사를 할 때, 유사율 1% 논문이 간혹 발견된다. 불가능한 것은 아니다.

구체적으로 참고해야 하는 연구윤리 관련 사항을 한국연구재단(2023)에서 발행한 '인문사회분야 연구자를 위한 IRB 연구윤리 가이드라인'에 제시된 내용을 중심으로 소개하면 다음과 같다.

연구윤리의 중요한 이슈는 **생명윤리**다. 인간대상연구에는 생명윤리가 적용되며, 「생명윤리 및 안전에 관한 법률」에 따른 "**기관생명윤리위원회**"가 **IRB**(Institutional Review Board)다. 이 위원회는 생명윤리법에 정해져 있는 기준에 따라 위원회가 담당하는 제반 업무를 적절하게 수행할 수 있는 5명 이상의 위원으로 구성되고, 하나의 성별을 가진 위원으로만 구성되어서는 안된다. 또한 위원 중에는 반드시 사회적·윤리적 타당성을 평가할 수 있는 경험과 지식을 갖춘 사람 1명 이상과 해당 기관에 종사하지 않는 사람 1명 이상이 포함되어야 한다.

연구대상연구란 사람을 대상으로 물리적으로 개입하는 연구(연구대상자를 직접 조작하거나 연구대상자의 환경을 조작하여 자료를 얻는 연구), 사람을 대상으로 의사소통, 대인 접촉 등의 상호작용을 통하여 수행하는 연구(연구대상자의 행동관찰, 연구대상자와의 대면 설문조사 등으로 자료를 얻는 연구), 개인을 직접적 혹은 간접적으로 식별할 수 있는 정보를 이용하는 연구를 말한다.

인문사회과학 분야에서는 다음과 같은 연구가 해당된다(한국연구재단, 2023). 실험연구, 설문조사, 면담, 관찰 등 대부분의 연구가 해당됨을 알 수 있다.

- 연구대상자를 대상으로 설문조사나 인터뷰를 실시하여 의견이나 경험을 알아보는 연구
- 연구대상자에게 교육, 운동, 작업 등의 중재를 하여 변화나 효과를 알아보는 연구
- 연구대상자의 말, 태도, 행동 등을 관찰하여 상황이나 이유를 파악하는 연구
- 연구대상자를 둘러 싼 자연적인 환경이나 사회적인 환경을 조작하여 그에 따른 영향을 확인하는 연구
- 연구대상자의 성명, 휴대전화번호, 이메일주소 등 연구대상자를 직접 식별할 수 있는 정보를 이용하는 연구
- 연구대상자의 성별, 연령, 혼인 여부, 경력과 소속 부서 또는 성별, 연령, 학년, 출신지역과 같이 조합하면 연구대상자를 간접적으로 식별할 수 있는 정보를 이용하는 연구

연구대상연구를 수행하고자 하는 연구자는 연구 수행 전에 연구계획서, 동의서 및 설명문, 연구대상자 모집 문건, 연구 도구 등 연구와 관련된 제반 문서를 기관위원회에 제출하여 연구계획이 윤리적, 과학적으로 타당한지, 연구대상자를 존중하고 보호하며 연구가 수행될 수 있는지 심의를 받아야 한다.

연구계획서에는 다음 내용을 포함한다(한국연구재단, 2023).

- 연구 제목
- 연구진 정보: 연구책임자, 공동연구자, 연구보조원 등
- 연구의 목적과 배경
- 연구기간
- 연구대상자 수와 선정기준(포함기준과 제외기준)
- 연구대상자 모집 절차와 방법
- 연구대상자 동의 획득 절차와 방법
- 연구의 구체적인 절차와 방법
- 연구의 이익과 위험, 연구의 위험에 대한 대책
- 연구 참여에 따른 손실에 대한 보상방안
- 연구 관련 피해 발생에 대한 대처방안
- 개인정보 수집의 절차와 방법, 수집 · 이용하는 개인정보에 대한 보호와 관리, 개인정보의 2차적 사용을 위한 제공에 관한 사항
- 연구결과의 분석 및 평가 방법
- 참고문헌 등 연구계획에 필요한 사항

연구동의서와 **설명문**에는 다음 내용을 포함한다(한국연구재단, 2023).

- 인간대상연구의 목적
- 연구대상자의 참여 기간, 절차와 방법
- 연구대상자에게 예상되는 위험과 이득
- 개인정보 보호에 관한 사항
- 연구 참여에 따른 손실에 대한 보상

- 개인정보 제공에 관한 사항
- 동의의 철회에 관한 사항
- 그 밖에 기관생명윤리위원회가 필요하다고 인정하는 사항

연구대상자 모집 문건에는 다음 내용을 포함한다(한국연구재단, 2023).

- 연구 제목
- 연구책임자 정보: 소속과 직위 등
- 연구의 목적
- 연구의 절차와 방법: 특히, 연구대상자가 연구 참여 시 하게 되는 일
- 연구대상자의 연구 참여 기간: 소요시간 등
- 모집 대상 연구대상자 수
- 연구대상자 선정기준: 연구대상자가 될 수 있는 조건과 될 수 없는 조건
- 연구의 이익과 위험
- 연구 참여 관련 문의 가능한 연구신 연락처

모든 연구에 IRB가 필요할까? IRB 심의면제가 가능한 연구도 있다. 한국연구재단(2023)에서는 [그림 Ⅰ-3]과 같이 밝히고 있다. 위험성 미미, 개인식별정보 미취급, 공개 정보 이용, 기존 자료와 문서 이용 등의 요건을 확인하고 참고하도록 한다.

대부분의 대학, 연구기관, 학술단체는 IRB 심의를 의무화하고 있다. 심의를 신청하기 전에 생명윤리 연수를 받는 등 절차에 시간이 걸리므로 연구 진행 일정을 고려하여 사전에 심의를 받도록

한다. 연구윤리와 IRB 심의에 대한 설명을 보면 연구가 두려울 수 있다. 과거에는 생소했지만 이제 IRB는 연구에서 일반적인 절차가 되었다.

연구할 준비가 되었는가? 연구에 도전하라!

그림 I-3 IRB 심의면제가 가능한 연구

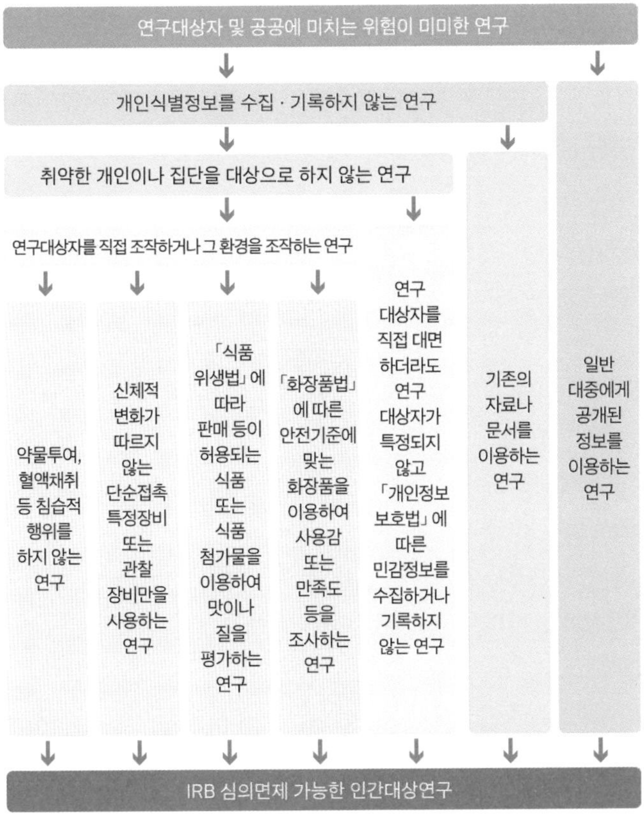

출처: 한국연구재단(2023). p.37.

'논문'은 무엇일까요?

'논문'이라는 글자를 한번 거꾸로 돌려서 볼까요?

'곰국'입니다!

좋은 재료로 오랜 시간이 필요하고 세심하게 불 조절을 하고 지켜보는 정성을 들여야 합니다. 결국 멋진 음식을 먹을 수 있고, 다시 끓여도 더 먹을 수 있는 것. 이미 대량으로 조리되어 나온 곰국도 있지만, 직접 만든 곰국과는 다르겠지요?

푹 고아 만든 곰국처럼, 정성껏 공들여 쓰는 논문!
그리고 처음 끓이기가 어렵지 그 다음부터는 여러 번 끓일 수 있습니다.
앞으로도 여러 번 귀한 곰국을 완성할 수 있겠지요?

참고문헌

강지영, 소경희(2011). 국내 교육관련 실행연구(action research) 동향 분석. 아시아교육연구, 12(3), 197-224.

권희청, 박수정(2020). 시도교육청 장학의 최근 동향 분석: 주요업무계획을 중심으로. 교육행정학연구, 38(5), 167-196.

박수정(2011). 연구의 실제와 윤리, 정영수 외 공저. 교육행정연구법. 교육과학사.

박수정(2024). 교직 생애와 성장. 박수정 외. 교사론과 교직실무. 박영스토리.

박수정, 맹재숙, 우현정(2016). 교원양성기관 교직과목의 운영 실태 분석. 학습자중심교과교육연구, 16(8). 1-27.

박수정, 조하영, 유진설(2022). 교사 리더십 연구동향 분석(2016~2021). 한국교원교육연구, 39(4), 399-426.

임연기, 김훈호(2018). 한국 교육행정학 연구 동향 및 활용 지식의 특성 분석. 교육행정학연구, 36(1), 355-382.

진동섭, 김효정(2007). 학교 컨설팅의 원리 분석. 교육행정학연구, 25(1), 25-50.

허창수(2008). 나의 삶, 자기성찰, 그리고 통합교육과정. 교육과정연구, 26(4), 199-228.

한국연구재단(2023). 인문사회분야 연구자를 위한 IRB 연구윤리 가이드라인.

American Psychological Association(2019). *Publication Manual of the American Psychological Association* (7th edition).

Bandura, A. (1977). Self-efficacy: toward a unifying theory of behavioral change. *Psychological Review, 84*(2), 191-215.

Creswell, J. W., & Plano Clark, V. L. (2018). *Designing and Conducting Mixed Methods Research* (3rd ed.). Thousand Oaks, Sage.

Lewin, K. (1946). Action research and minority problems. *Journal of Social Issues, 2*(4), 34-46.

II

양적연구논문 작성하기

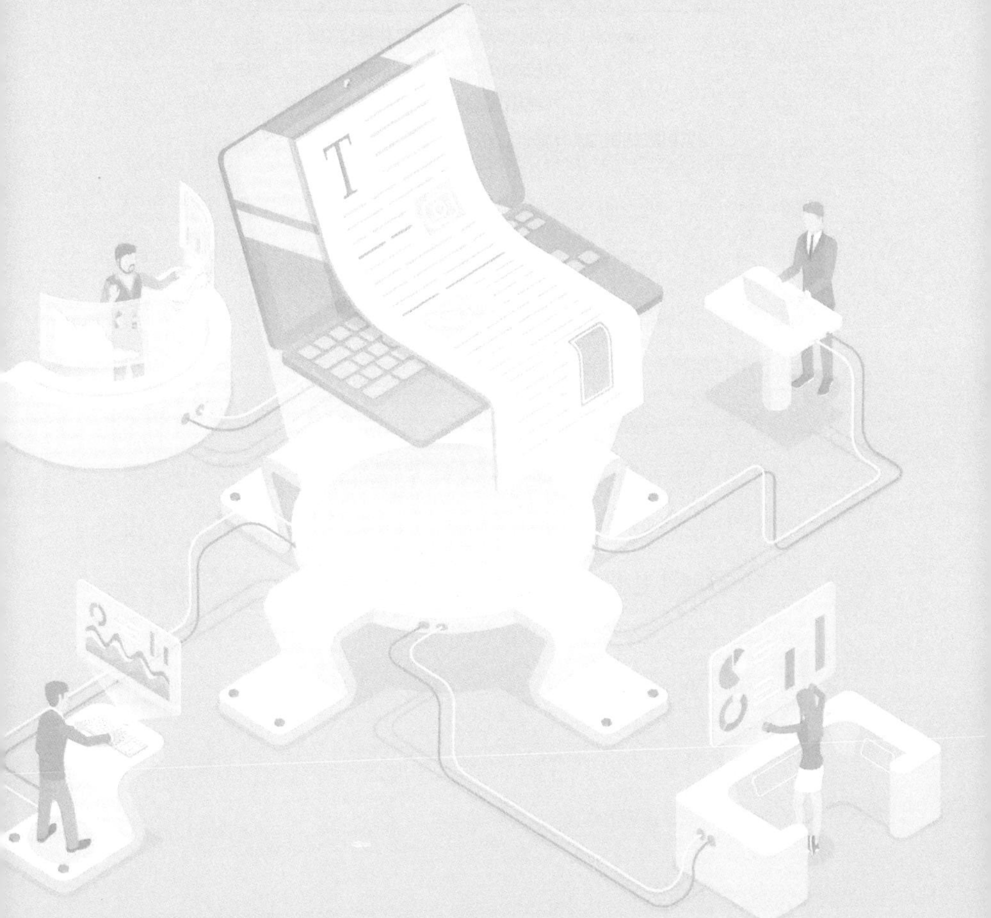

II

양적연구논문 작성하기

이희숙

양적연구법을 소개하는 교육연구방법론 책은 국내외에 많이 존재한다. 양적연구논문을 준비하는 독자들이 공부해야 할 훌륭한 연구방법론 저서들이 다수 있음에도 불구하고 기존의 문헌들과 달리 주안점을 둔 지점은 바로 '학술논문에서 주로 활용되는 양적연구법을 어렵지 않게 접근하는 법'에 대한 것이다. 따라서 이 장에서는 분석 자료의 측면에서 자료의 직접 수집에 대한 내용뿐만 아니라 최근 연구에서 적극적으로 활용되고 있는 다양한 데이터와 해당 데이터를 활용한 연구의 주제를 소개한다. 다음으로 연구방법의 측면에서는 작성된 학위논문 및 학술논문에서 주로 활용되는 통계 분석의 개념과 보고되는 통계표를 중점적으로 다룬다. 이를 통해 독자들이 양적 연구에서 빈번히 활용되는 통계분석에 대한 개념 이해를 토대로 논문에서 제시된 통계표를 읽을 수 있고, 더 나아가 통계분석을 실행하고 통계표를 작성하며 결과를 기술하고 결론을 도출할 수 있도록 돕는 데 이 장의 목적이 있다.

❶ 양적연구는 무엇인가?

연구방법의 주요 요소를 분석 자료와 분석방법이라고 할 때, **양적연구**(quantitative research)는 분석 자료에 있어서는 **수량적 자료**(quantitative data)를 활용하고 분석방법에 있어서는 **통계적 검정**(statistical testing)을 활용하는 연구를 의미한다. 양적연구를 수행하는 교육 분야의 연구자는 교육현상을 설명하고 이해하기 위하여 객관적인 척도에 의한 측정을 통하여 양적인 자료를 수집한다. 또한 이를 토대로 통계적인 추리과정을 거쳐 특정한 변수들 간의 인과관계를 제시한다. 이러한 활동의 궁극적인 목적은 교육현상을 예언하고 통제할 수 있는 보편타당한 법칙을 찾아내는 것이다. 즉, 양적연구는 사회 현상을 과학적으로 탐구하는 데 있어서 **방법론적 일원론**을 적용하여 사회 현상에도 자연 현상과 같이 내재한 법칙이 있음을 가정하고 이 법칙을 발견하는 데 연구의 목적이 있으며 이를 위해 수량화된 자료를 활용한다.

양적연구는 실증주의 논리에 기초를 두고 변수 혹은 특성들 간의 관계를 요약·기술하거나 관계성을 탐색하기 위하여 수량적 지수를 사용하며, 주로 통제, 통계치, 측정, 실험에 의존한다. 양적연구는 크게 비실험연구(non-experimental research)와 실험연구(experimental research)로 구분한다. **비실험연구**에는 기술연구, 상관연구, 단순비교연구, 인과비교연구가 있다(김석우, 박상욱, 2015). **기술연구**(descriptive research)는 어떤 현상이나 과정에 대하여 분명하고 정확한 기술을 제공하는 것을 목적으로 한다. 예를 들어, 중학생의 학교폭력 실태를 조사하여 빈도나 평균, 표준편차 등으로 기초통계량을 제시하는 경우가 여기에 속한다. **상관연구**(correlation research)는 어떤 사건이나 현상에 내재되어 있는 두 개 이상의 변수들 간의 일반적인 관계를 규명하는 것을 목적으로 한다. 예를 들어, 고등학생의 학업적 자아개념과 학업성취도와의 관계를 분석하는 경우가 이에 해당하고 학자에 따라서는 상관연구를 하나의 독립된 연구방법이라기보다는 인과연구를 위한 선행 단계로 보기도 한다.

단순비교연구(comparative research)는 하나 이상의 어떤 속성에서 두 개 이상의 집단 간에 차이가 있는지 알고자 하는 것을 목적으로 한다. 예를 들어, 성별이나 학교급에 따라 학교폭력 발생 빈도의 차이를 분석하는 경우가 이에 해당한다. **인과비교연구**(causal-comparative research)는 집단비교라는 측면에서 단순비교연구와 동일하나 인과관계 추론까지를 목적으로 한다는 점에서 차이가 있다. 예를 들어 EBS 수강이 사교육 참여율 감소에 영향을 주는지를 분석하고자 하는 것은 비실험적 연구이면서도 마치 실험연구인 것처럼 보이기도 한다. 이처럼 변수 간의 인과관계 규명을 목적으로 할 경우에는 선행하는 충분한 이론적·경험적 근거가 있어야 한다.

끝으로 **실험연구**는 실험방법을 사용하여 연구자가 피험자의 반응에 영향을 미칠 것으로 여겨지는 하나 이상의 변수나 요인을 의도적으로 조작함으로써 뒤이어 나타나는 행동의 변화를 관찰하는 연구이다. 예를 들어, 협동학습 프로그램이 학업성취도에 미치는 효과를 연구하는 경우 등이 실험연구의 전형적인 예다(김석우, 박상우, 2015). 이때 연구자는 같은 학년에서 성적이 유사한 두 학급을 선정하여 일정 기간 동안 한 반은 이 프로그램을 통해 수업을 실시하고 다른 한 반은 기존의 방식으로 수업을 실시한 후 학업성취도 사후검사 점수의 차이를 분석함으로써, 협동학습 프로그램이 학업성취도에 어떤 영향을 주었는지 밝혀내게 된다. 실험연구는 실험·통제집단에 속한 피험자가 무선 할당되었느냐 그렇지 않느냐에 따라 **준실험연구**와 **진실험연구**로 구분된다.

이상의 구분을 도식화하면 [그림 Ⅱ-1]의 좌측에 제시된 그림과 같다. 우측의 그림은 Crowl(1993)의 분류에 따른 것으로 성태제(2020: p.43)의 그림을 일부 발췌한 것이다.

그림 II-1 양적연구의 유형

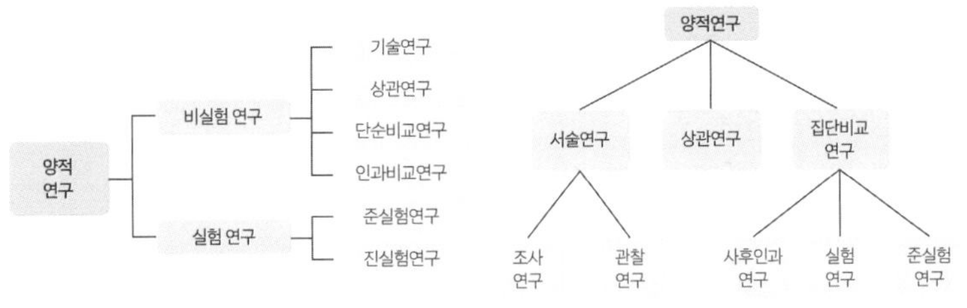

2 양적연구 수행하기

양적연구는 연구주제에 대한 연구문제를 설정하고 그에 맞는 가설을 설정하며 타당한 연구방법을 적용하여 가설을 검증하는 과정으로 진행된다. 교육정책 영역에서 **증거기반의사결정**(evidence based decision making)이 강조되고 국내에도 **교육 빅데이터**가 구축되면서 양적연구기법은 더욱 고도화되고 있다. 더구나 사회과학이 자연과학에 비해 실험적 방법을 적게 사용하는 것이 사실이지만 실험적 통제와 유사한 기법을 사용하는 경향이 늘고 있고 이에 따라 윤리적 문제가 중요하게 고려해야 할 대상으로 대두되었다. 그러나 빅데이터와 같이 이미 수집되어 있는 자료를 활용하여 연구를 할 경우에는 이러한 윤리적 문제로부터 자유로울 수 있다. 뿐만 아니라 개별 연구자가 연구 수행을 위해 표집할 수 있는 범위의 한계로 인해 발생할 수 있는 표본의 대표성에 대한 문제 역시 빅데이터를 활용할 경우 상당 부분 해소된다. 따라서 최근의 양적연구는 빅데이터를 활용하여 분석하는 연구 형태가 대종을 이루고 있다. 이하에서는 데이터 확보 등을 포함하여 양적연구방법의 전 과정을 살펴보았다.

가. 양적연구방법 개관

양적연구의 탐구 절차는 일반적으로 [그림 Ⅱ-2]와 같다.

그림 II-2 양적연구의 탐구 절차

양적연구는 어떤 사회 현상에 대해 문제를 인식하는 것에서 시작한다. **연구문제**는 경험적 관찰이나 문헌고찰의 과정을 통해 설정된다. 그 다음으로 연구자는 연구주제와 관련 있는 선행연구 및 이론적 배경을 검토하여 연구문제를 구체화하고 **가설**을 설정한다. 이때 가설은 연구자가 가졌던 연구문제를 '변수'를 이용해서 구체화한 것을 의미하는 것으로 이 단계에서 독립변수와 종속변수의 관계가 설정된다. 가설을 설정한 다음 연구 대상과 연구 기간, 자료수집 방법 및 분석 방법 등을 정하는 연구 설계 단계를 진행한다. 계획에 따라 자료를 수집한 후에는 통계 기법을 이용해 분석하고 가설을 검증한다. 이때 자료분석 결과와 가설이 일치하면 가설을 수용하고 일치하지 않으면 가설을 기각한다. 이를 토대로 결론을 도출하고 가설이 입증되면 가설을 모집단 전체에 적용하는 일반화를 시도함으로써 연구를 마친다. 일련의 연구 과정에서 문제 인식 및 연구 목적 설정, 가설 설정, 연구 설계와 연구결과의 활용 단계에서는 연구자의 가치가 개입되는 반면, 자료수집 및 분석, 가설 검증, 결론 도출 단계에서는 연구자의 가치중립이 철저히 요구된다.

양적연구가 질적연구와 대별되는 점 중의 하나는 가설을 설정하고 검증하는 데 있다. 따라서 이 절에서는 가설설정을 중심으로 양적연구방법의 시작 단계에 대해 살펴보고 이후 양적연구방법의 특징인 양적자료를 확보하고 설정한 가설을 통계적으로 검증하는 것에 대해 단계적으로 살펴보고자 한다. 우선, 분석 자료의 확보와 분석방법에 들어가기에 앞서 양적연구의 첫 단추인 연구문제 설정과 가설설정에 대해 구체적으로 살펴보자.

1) 연구문제의 설정

연구의 출발은 연구를 통하여 무엇을 밝히거나 말하고 싶은가에 대한 고민에서 출발한다. 적절한 연구문제를 선택한다는 것은 좋은 질문, 즉 교육적 맥락에서 적절하면서 중요한 문제들을 형성하는 것이다. 박도순 외(2020)는 적절하고 좋은 연구문제를 설정할 때 고려할 사항으로 첫째, 탐구하고자 하는 연구문제가 교육적 의의를 가지고 있는가, 둘째, 독창성 혹은 참신성을 가지고 있는가, 끝으로 연구의 수행 가능성이 있는가를 제시하고 있다. 이상의 고려사항은 연구주제를 정할 때의 요건과도 맥을 같이 한다. 이광현(2023)은 석박사 학위 논문의 연구주제를 정할 때 고려할 세 가지 요건으로 첫째, 주제가 구체적이어야 한다(Be Specific), 둘째, 교육적으로 활용도가 있어야 한다(Be Useful), 세 번째로 수행할 수 있는 주제이어야 한다(Be Doable)고 제시한 바 있다. 연구문제는 정보 혹은 경험의 맥락에서 선택된다. 따라서 연구자는 관련 이론뿐만 아니라 연구할 영역을 잘 알아야만 한다. 연구문제를 설정하기 위해서는 독창적이고 창조적인 사고를 해야 하는데,

연구자가 연구 영역에 대한 지식이 없다면 그러한 사고를 하기 어렵다. 관련 연구를 탐구하고 그 분야에 대한 실제적, 이론적인 사고에 익숙해짐으로써 연구자는 연구문제의 핵심이 될 적절한 질문을 형성할 수 있다.

자신의 연구문제를 정보의 맥락에서 선택하기 위해서는 **선행연구**에 대한 리뷰가 전제된다. 선행연구를 리뷰할 때는 관심있는 분야의 저서를 읽는 것도 좋지만 학회 및 학술지에서 최근 발표되는 논문, 학위논문, 특히 다양한 교육관련 데이터를 활용하여 분석한 논문을 발표하는 종단연구 학술대회에서 발표되는 논문을 읽어보는 것이 연구문제 설정과 분석자료 확보의 측면에서 유용한 접근방법이다.

반면 연구문제를 경험의 맥락에서 선택하기 위해서는 현장 전문가로서의 경험을 의미있게 짚어볼 필요가 있다. 일반적으로 학교 안에서 일어나는 일을 외부 전문가가 경험적으로 이해하기란 쉽지 않다. 그러나 교사가 경험적 맥락에 바탕을 두고 선정한 연구문제는 현장 연계성의 측면에서 실천적 함의로 발전될 가능성이 상당히 높다. 이러한 맥락에서 교사의 **현장연구**가 필요하고 중요하다. [그림 Ⅱ-3]은 체제이론의 기본 모형으로(Hoy & Miskel, 2013) 학교체제에 맞게 용어를 변경한 것이다. 체제이론에서 과정(process)은 체제가 목적 달성을 위해 여러 자원과 정보를 활용하여 산출로 만들고 가치를 창조하는 과정으로 일반적으로 암흑상자(black box)와 같이 그 내용이 알려지지 않다(윤정일 외, 2021). 따라서 체제이론이 갖는 한계적 측면으로서의 학교체제 내 과정이 알려질 수 있도록 교육 전문가로서 학교 현장에서 직접 경험한 내용이 연구문제로 선정되고 연구로 발전되는 것이 필요하다.

그림 II-3 체제이론의 모형

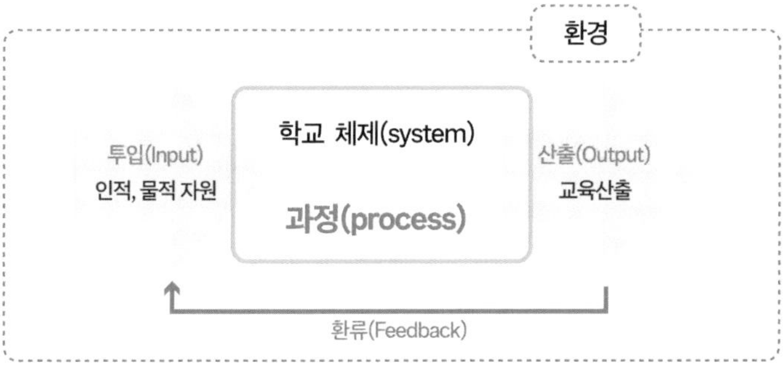

양적연구에서 연구문제의 진술은 변수와 조건들에 대한 구체적인 용어로 이루어진다. **변수**(variable)는 '연구를 통해 밝히고자 하는 사물이나 사람, 집단의 특성'으로 정의된다(한국교육평가학회, 2004). 연구문제의 진술을 구성하는 변수는 크게 **독립변수**와 **종속변수**로 구성된다. 해당 용어는 수학에서 유래된 것으로 일반적으로 종속변수의 값은 독립변수의 값에 의존한다. 이 양자의 관계와 효과를 밝히는 것이 연구를 수행하는 일반적 목적이 된다. 대부분의 조사연구에서 설정된 독립변수는 연구대상자들을 분류하는 단순한 분류변수이다. 예를 들어 대학생들의 전공계열에 따른 다전공(복수전공, 부전공, 연계전공 등)의 참여도 차이를 분석하고자 할 때, 독립변수는 전공계열이 되고 전공계열은 인문, 사회, 교육, 공학, 자연, 의약, 예체능 등 7개의 분류체계를 구성한다. 여기에서 종속변수는 다전공의 참여도이다. 이들을 활용하여 연구문제를 진술하면 '대학생의 전공계열에 따라 다전공 참여도에 차이가 있는가?'와 같다.

연구문제 진술에 포함되는 변수로 독립변수, 종속변수 외에 매개변수와 통제변수가 있다. **매개변수**는 독립변수 이외에 종속변수에 영향을 주는 변수로 위 연구의 예에서 학생의 성별이 다전공 참여도에 영향을 줄 수 있다면 이는 매개변수가 된다. 따라서 독립변수의 효과를 명료하게 밝히기 위해서는 매개변수의 영향력을 통제해야 한다. 만약, 연구자가 전공계열 집단을 구성할 때 학생의 성별이 동일(유사)하도록 조치를 했다면 이 경우에 성별은 **통제변수**가 된다. 연구의 내적 타당도를 높이기 위해서는 독립변수 이외에 영향을 줄 수 있는 주요 매개변수를 얼마나 효과적으로 통제하는가가 중요하며, 매개변수가 특별한 효과를 미치지 못하도록 연구 설계를 탄탄히 하거나 매개변수의 효과를 통제해주는 통계기법을 적절히 활용하여야 한다.

양적연구에서 **연구문제**는 연구주제와 연구가설의 가교 역할을 하는 것으로 연구주제를 포함하되 구체적이면서 명료하게 의문문으로 제시한다. 연구문제가 연구가설로 발전되고 연구를 수행한 결과 연구가설의 채택 및 기각에 대한 판단으로 이어짐을 고려할 때, 연구문제는 연구주제를 포함하고 연구가설에 대한 진술을 염두에 두고 구성하는 것이 적절한 접근이다. 대체로 연구문제를 구체적으로 제시한 경우 연구가설에 대한 직접적인 진술은 생략하는 경우가 많다. 다음은 김민조, 이호준(2022)과 박정우(2022)의 연구문제 진술 예시이다.

[김민조, 이호준(2022)]

연구제목: 교원양성 교육내용, 수업 활동 준비도와 교수활동 간 관계 분석: 저경력 교사를 대상으로

연구목적: 교원양성교육 단계에서 경험한 교육내용이 교사의 교수활동에 미치는 영향을 실증적으로 분석함

연구문제:

첫째, 초등학교와 중학교 저경력 교사 사이에 교원양성기관에서 학습한 교육내용, 수업 활용 준비도, 교수활동에 관한 인식 수준에는 차이가 존재하는가?

둘째, 저경력 교사가 인식한 교원양성기관에서의 교육내용과 수업 활용 준비도는 관련이 있는가?

셋째, 저경력 교사가 인식한 수업 활용 준비도와 교사의 교수활동은 관련이 있는가?

[박정우(2022)]

연구제목: 초등학교에서 학교자치가 학교효과성에 미치는 영향

연구목적: 학교효과성을 학생수준과 교사수준으로 구분하고 학교효과성에 미치는 영향요인을 학교자치뿐만 아니라 학생과 교사의 인구통계학적 변수와 학교의 배경변수에서도 발견하여 실증적으로 규명함

연구문제:

첫째, 학교 배경변수에 따른 학교자치의 수준은 어떠한가?

둘째, 학교자치 수준에 따른 학교효과성의 차이는 어떠한가?

셋째, 학교자치가 학교효과성에 미치는 영향은 어떠한가?

전자의 연구문제 진술은 존재여부와 관련여부에 대해 직접적으로 묻는 Yes/No 응답 형태의 발문 유형이었다면 후자는 어떠한지를 묻는 발문 유형으로 이에 대한 응답은 독립변수와 매개변수에 따라 종속변수가 유의하게 높거나 낮다 혹은 독립변수가 종속변수에 미치는 영향이 정적(+)이거나 부적(-)이다 등으로 이루어진다. 이는 표면적으로는 연구문제의 발문 유형이 연구에 따라 다른 것으로 보일 수 있으나 한 단계 더 들어가서 살펴보면 종국적으로는 **통계적 유의성**의 존재 여부, 즉 검정 결과가 통계적으로 유의한지 여부를 묻는 차원에서 일맥상통함을 알 수 있다.

2) 가설의 설정

가설은 연구주제에 대해 잠정적인 결론을 내리는 것으로 독립변수와 종속 변수 간의 인과 관계가 명확하게 드러나도록 서술되고 과학적인 연구방법을 통해 경험적으로 검증 가능한 진술이어야 한다. 분석하고자 하는 연구문제에 대해 설정하는 가설의 종류는 귀무가설과 대립가설로 구별되는데 **귀무가설**(Ho, null hypothesis)은 영가설이라고도 하고 현재 상태를 반영하거나 효과가 없음을 가정한다. 반면, **대립가설**(Ha, alternative hypothesis)은 대안 가설이라고도 하며 새로운 결과나 주장을 반영하거나 효과가 있음을 가정한다. 연구자의 주장 내지는 연구자가 바라는 결과는 대립가설을 통해 드러나는데 대개 연구자의 가설 설정은 귀무가설로 표현되고 귀무가설이 기각될 것이라고, 즉 대립가설이 채택될 것이라고 가정한다. 이처럼 사회과학에서 귀무가설이 참이라고 가정하고 조사를 통해 사실이 아님을 입증하는 방식을 취하는 것은 "잘못된 의사결정으로 인해" 발생할 수 있는 위험을 줄이기 위함이다. 예를 들어 새로운 교수법을 적용했다면 수집한 자료에 기반하여 검증을 하기 전까지는 신교수법의 효과가 없다(귀무가설, 영가설)는 것을 가정하는데, 이는 잘못된 의사결정으로 인해 신교수법을 적용하는데 비용이 과오투입되는 위험을 줄이고자 하는 보수적인 접근법이라고 볼 수 있다.

가설의 진술은 독립변수와 종속변수 간의 인과 관계가 명확하게 드러나도록 서술되고 과학적인 연구방법을 통해 경험적으로 검증 가능한 진술이어야 한다. Borg와 Gall(1989)은 가설이 갖추어야 할 기준을 다음과 같이 제시한 바 있다(박도순 외, 2020). ① 가설은 두 개 혹은 그 이상의 변수들 사이에 기대되는 관계성을 진술하여야 한다. ② 연구자는 가설이 검증할 만한 가치가 있는 것인가에 대하여 이론 또는 증거에 기초한 명확한 이유를 제시할 수 있어야 한다. ③ 가설은 검증 가능해야 한다. ④ 가설은 가능한 간략하고 명료해야 한다. 이상의 기준을 고려하여 가설을 진술하면 '대학생의 전공계열에 따라 다전공 참여도에 차이가 없다.'와 같이 진술할 수 있다.

분석하고자 하는 연구문제에 대한 가설 수립을 위해 양적연구에서는 개념을 조작적으로 정의하고 해당 정의를 바탕으로 계량화된 자료를 수집한다. 개념의 **조작적 정의**(operational definition)란 추상적인 개념을 측정 가능한 구체적인 지표로 바꾸는 것을 의미한다. 예를 들면 한국의 교육 성장이 경제 성장을 이끌었다는 가설을 검증하기 위해서는 우선 '교육 성장'과 '경제 성장'이라는 추상적인 개념을 구체화할 필요가 있다. 이러한 과정을 개념의 조작적 정의라고 하는데 '교육 성장'과 '경제 성장'이라는 추상적인 개념을 '취학률과 진학률의 증가', '1인당 국내 총생산(GDP)의 증가'라는 지표로 바꾸는 것이다.

다른 예로, '다문화 수용성'이라는 추상적 개념을 자신과 다른 사회 문화적 배경을 가진 사람들에 대해 열린 태도로 인식하는 것으로 정의하고 이러한 추상적인 개념을 측정하기 위해 다문화 수용성의 정도, 즉 '다문화 수용도'라는 구체적인 지표를 만들거나 기존의 조사를 활용할 수 있다. 다음은 「한국아동·청소년패널조사(KCYPS)」의 다문화 수용도 측정 문항의 예시이다. "나와 문화적 배경(출신 국가, 인종 등)이 다른 사람을 이웃으로 받아들일 수 있다.", "나와 문화적 배경이 다른 청소년을 같은 반 친구로 받아들일 수 있다.", "나와 문화적 배경이 다른 청소년과 가장 친한 단짝이 될 수 있다." 각 문항에 대해 '매우 그렇다(1), 그런 편이다(2), 그렇지 않은 편이다(3), 전혀 그렇지 않다(4)'로 응답하도록 한다. 즉, 다문화 수용성이라는 추상적 개념을 조작적으로 정의하고 해당 정의를 측정 가능한 구체적인 지표로 바꾸며 지표에 대한 수치화된 응답을 통해 양적연구가 가능해지는 것이다.

3) 연구문제와 가설 및 조작적 정의의 관계

다음은 「다전공 선택 요인 및 다전공자 대학생활 실태 분석」 연구의 연구문제와 가설, 조작적 정의에 대한 내용으로 일부를 발췌하여 제시한 것이다.

연구목적:

4년제 대학에서 다전공을 선택하는 학생은 어떤 특성이 있는지 규명함으로써 다전공 이수자에 대해 이해하고 지원할 수 있는 정보를 도출하는 데 연구의 목적이 있다.

연구문제:

첫째, 전공계열에 따라 다전공 이수 참여에 차이가 있는가?
둘째, 전공선택동기에 따라 다전공 이수 참여에 차이가 있는가?

가설(귀무가설, 영가설):

첫째, 전공계열에 따라 다전공 이수 참여에 차이가 없다.
둘째, 전공선택동기에 따라 다전공 이수 참여에 차이가 없다.

조작적 정의:

- 다전공 이수: 복수전공, 부전공, 연계전공 중 하나를 이수하는 경우
- 전공계열: 인문계열, 사회계열, 경상계열, 교육계열, 공학계열, 자연계열, 예체능계열
- 전공선택동기: 내재적 동기, 외재적 동기로 구분하여 '학문의 흥미 및 적성을 고려해서' 전공을 선택한 경우 내재적 동기로 보았고 그

외 '직업 및 취업전망이 밝아서', '성적에 맞춰서', '부모님이나 선생님의 권유로', '친구나 선배의 권유로', '사회적 인식이나 명성 때문에' 전공을 선택한 경우 외재적 동기로 봄

독립변수

전공계열(인문, 사회, 경상, 교육, 공학, 자연, 예체능계열)
전공선택동기(내재적 동기, 외재적 동기)

종속변수

다전공(복수전공, 부전공, 연계전공) 참여 여부

다음 [그림 Ⅱ-4]는 박도순 외(2020)에서 제시한 연구문제의 진술과 가설의 설정 및 조작적 정의에 대한 관계도에서 연구문제의 진술과 가설의 방향을 기존의 일방향에서 양방향으로 수정하여 제시한 것이다.

그림 II-4 연구문제 발견을 위한 요소들 간의 관계

주: 박도순 외(2020: p.42)의 그림을 발췌하여 일부 수정함.

> 연구문제를 구성하는 요소들은 서로 연결되어 있다. 가설을 세우는 과정은 연구문제를 보다 상세히 정의하는 것만이 아니라 연구문제를 효과적으로 제한하기도 한다. 가설들은 변인, 조작적 정의, 조건들과 관련해 진술된다. 이것들은 모두 관련 이론과 기존 지식의 토대 위에서 행해진다. 연구문제는 정보의 진공상태에서 찾아지거나 추구되는 것이 아니다. 연구문제들은 이론적으로나 실제적으로 또는 이론적이면서 실제적으로 교육세계 안에서 존재한다(박도순 외, 2020: p.41).

나. 데이터 확보

양적연구를 수행하기 위해서는 분석하고자 하는 주제와 관련해서 활용할 수 있는 **데이터**가 있는지를 확인하고 그렇지 않을 경우 직접 수집하는 절차를 거치게 된다. 이 절에서는 연구에서 활용 가능한 데이터와 해당 데이터를 활용한 연구주제에 대해 탐색하고 직접 데이터를 수집할 경우 표본의 크기를 확정하는 방법에 대해 알아본다. 그리고 '변혁적 지도성'에 대한 연구를 위해 수집된 데이터를 활용한 경우와 데이터를 직접 수집하는 경우를 중심으로 데이터 확보 관련 실제 사례를 구체적으로 살펴보았다.

1) 조사 설계: 표본의 추출, 설문지 개발

(1) 표집 방법

통계는 목적에 따라 크게 기술통계와 추리통계로 구분된다. **기**

술통계(descriptive statistics)는 주어진 자료에 국한해서 자료를 설명하고 해석하는 방식을 의미하는 반면 추리통계는 주어진 자료의 결과를 일반화하고자 할 때 사용하는 방식을 의미한다. 즉, 기술통계는 표본 집단(sample)의 응답에 국한하여 설명하고 해석하는 방식이라면, **추리통계**(inferential statistics)는 표본 집단의 자료로 모집단(population)의 현상이나 특징을 추정, 예측, 일반화하고자 할 때 사용되는 통계방식이다. 이때, 모집단은 연구자가 궁극적으로 이야기하고 싶은, 연구자의 관심의 대상인 전체 집단을 의미하고 표본은 모집단 전체에 대한 조사가 불가능할 때 모집단에서 선택 혹은 추출되어 실제로 연구자가 데이터를 수집하게 되는 연구대상을 의미한다. 그리고 모집단에서 표본을 추출하는 과정을 **표집**(sampling)이라고 한다. 대표적인 기술통계량은 빈도, 백분율, 평균, 분산 등이 해당된다.

표집 방법으로는 확률적 표집과 비확률적 표집이 있다. 먼저 **비확률적 표집**은 모집단에서 표본으로 추출될 확률을 사전에 계산할 수 없는 경우에 활용되는데 이 방식을 활용할 경우에는 모집단에 대한 체계적 추론이 어렵다. 해당 방법에는 주변에서 접근 가능하고 용이한 표본을 선정하는 편의표집(convenience sampling) 방법이 있고 대개 개인이 수행하는 연구에서 활용되고 있다. 반면, **확률적 표집**은 모집단에서 개별 연구대상(표집단위)이 표본으로 추출될 확률을 사전에 계산할 수 있는 경우로 무선 표집, 체계적 표집, 층화표집, 군집표집, 층화군집무선표집 등이 여기에 해당된다. 일반적으로 무선 표집(random sampling) 방법, 즉 모집단을 구성하고 있는 모든 요소(표집단위)가 표본에 포함될 가능성이 동일하도록 표집하는 방법을 지향한다. 그러나 이 방법을 실제 교육 연구에서 활용하기는 쉽지 않다. 대규모 교육연구에서 자주 사용되는 표집방법인 층화군집무선표집(stratified cluster random sampling)은 모집단을 여러 개의 상호배타적인 층(stratification)으로 분류한 다음, 각 층 안에서 연구자가 원하는 최종의 표집단위를 일차적으로 표집하는 것이 아니라 이를 포함하는 상위집단을 먼저 표집하는 방법이다. 한국교육종단연구, OECD 학업성취도 국제비교연구 등이 이 방법을 활용한 것으로 예를 들어, 한국교육종단연구의 경우 도시 규모(특별시, 대도시, 중소도시, 읍면지역)에 따라 4개의 층(stratum)으로 분류하여 각 층으로부터 표본 대상 학생을 무선 표집하는 방법을 적용하였다.

(2) 표본의 크기

표집을 직접 수행할 때 직면하는 문제 중 하나는 표본의 적절성(adequacy)이다(박도순 외 2020). 이는 **표본의 크기**를 결정하는 것과 관련된 문제인데, 원칙적으로 표본의 크기가 클수록 표집으로 인한 오차는 점점 작아지고 측정치가 모수치를 대표할 가능성은 커진다. 또한 표본의 크기가 클수록 통계적 검정력, 즉 영가설이 거짓일 때 영가설을 올바르게 기각할 수 있는 검정력이 커진다. 그러나 실제 연구 상황에서는 시간적, 재정적 문제로 인하여 표본의 크기를 제한할 수밖에 없다. 최근에는 설문조사 폼(예: 구글 폼, 네이버 폼 등)을 활용하여 제작한 문항을 링크를 통해 쉽게 전달할 수 있어 지류 설문지를 활용해서 조사를 했던 과거에 비해 시간적, 재정적 제약으로부터 비교적 자유로워진 편이다.

전통적으로 상관연구는 최소 30명 이상의 표본을 필요로 하고, 인과-비교 연구와 실험연구는 각 비교집단에 최소 15명 이상의 표본을 필요로 한다. 그리고 조사연구는 각 주요 집단별로 최소 100명 이상의 피험자를 갖추어야 하고, 분석단위가 되는 하위집단별로 최소 20~50명 이상의 피험자를 구비하여야 한다(Gall et al., 1996; 박도순 외, 2020 재인용). 한편 통계적으로 표본크기를 결정하는 것은 여러 가지 통계적 분석방법에서 다르게 계산되는 표준오차, 연구자가 설정한 통계적 유의수준 및 오차의 허용범위, 측정도구의 신뢰도 등을 고려해야 한다. 이때 오차의 허용범위(최대 허용오차)와 단순무선표본 크기와의 관계는 다음 〈표 Ⅱ-1〉과 같다(Backstrom & Hursh, 1963). 예컨대 오차의 허용범위를 3%로

표 II-1 오차의 허용범위와 신뢰수준 및 단순무선표집 표본크기의 관계

(단위: 명)

오차의 허용범위	신뢰수준	
	95%	99%
±1%	9,604	16,587
±2%	2,401	4,147
±3%	1,067	1,843
±4%	600	1,037
±5%	384	663
±6%	267	461
±7%	196	339
±8%	150	259
±9%	119	205
±10%	96	166

출처: Backstrom & Hursh(1963); 박도순 외(2020) 재인용.

설정할 경우 95%의 신뢰수준에서는 1,067명의 표본이, 99%의 수준에서는 1,843명의 표본이 필요하게 된다.

(3) 설문지 활용 및 개발의 실제

주어진 데이터를 이용하지 않고 연구자가 직접 **설문조사**를 실시하는 경우의 장점은 연구자의 연구주제와 연구문제에 부합하는 설문문항을 구성할 수 있다는 점이다. 대개 주어진 데이터를 활용할 경우 표본이나 문항 구성의 측면에서 타당도와 신뢰도가 높은 장점이 있으나 연구자가 설정한 이론적 모형에서 중요하게 다뤄지는 변수에 대한 구성이 포함되지 않는 경우가 흔히 발생한다. 이와는 달리 연구자가 직접 설문문항을 구성할 때에는 이론적 모형과 문항설계간 정합도 확보가 비교적 용이하다. 그러나 설문문항 구성에는 그에 적합한 이론적, 경험적 근거를 명확하게 제시해야 한다는 점에서 연구자의 노력이 요구된다.

예를 들어, 학교장의 변혁적 지도성(transformative leadership)과 관련된 연구를 수행한다고 할 때, 기존의 데이터를 활용할 수도 있고 연구자가 직접 조사를 진행할 수도 있다. 이광현(2010)은 「학교장의 변혁적 지도성이 사교육비에 미치는 영향」 연구에서 한국교육개발원의 한국교육종단조사 자료를 활용하여 분석하였다. 해당 문항은 교사설문지에 포함되어 있는 것으로 직접적으로 변혁적 지도성에 해당하는 내용을 조사한 것이라기보다 문항 중 변혁적 지도성에 해당하는 문항을 활용한 것에 해당한다. 연구에서는 '4) 교사 개개인의 능력과 심리적 특성을 잘 파악하고 있다, 9) 교

선생님이 근무하시는 학교의 교장 선생님에 관한 다음의 내용에 대하여 선생님이 동의하는 정도에 ●표하여 주십시오.

전혀 그렇지 않다	그렇지 않다	보통 이다	그렇다	매우 그렇다

우리 학교 교장 선생님은...

1) 교사들의 복지를 위하여 애쓴다.
2) 자신의 입장에 대해 교사들과 이야기한다.
3) 교사들이 친근감을 느끼며 가까이하기 쉽다.
4) 교사 개개인의 능력과 심리적 특성을 잘 파악하고 있다.
5) 교사들이 잘못한 일을 들추어내기보다는 잘한 일을 찾아내려고 한다.
6) 모든 교사로 하여금 가족적 분위기를 이루도록 노력한다.
7) 교사들이 상호 친목을 도모할 수 있는 기회를 준다.
8) 교사들의 불만을 해소하기 위해 노력한다.
9) 교사에게 영향을 줄 수 있는 의사결정에 대해 교사들과 상의한다.
10) 교사들과 자주 만난다.
11) 학교 발전에 대해 분명한 계획을 가지고 있다.
12) 학교교육의 개선과 교사들의 새로운 아이디어에 관심을 갖는다.
13) 공사가 분명하게 교사를 대한다.
14) 학교 업무에 관하여 교장이 요구하는 것이 무엇인지 교사가 알도록 한다.
15) 교사들의 업무가 잘 조정되도록 노력한다.
16) 각 부서 간에 긴밀한 협력을 취할 수 있도록 수시로 협의회를 개최한다.
17) 필요한 수업 자료를 바로 확보할 수 있도록 도와준다.
18) 교사들의 업무 결과에 대하여 상벌이 분명하다.
19) 수준 높은 업무 수행을 요구한다.
20) 교사들의 업무 수행을 확인 점검한다.
21) 교사들의 능력개발을 위해 힘쓴다.
22) 교사들에게 권한을 위임한다.
23) 교사들이 따라야 할 모델이다.
24) 문제의식을 가지고 교육현장을 본다.
25) 교사들에게 도전적인 과업을 부과한다.

출처: 한국교육종단연구(2005).

사에게 영향을 줄 수 있는 의사결정에 대해 교사들과 상의한다, 11) 학교발전에 대해 분명한 계획을 가지고 있다, 12) 학교교육의 개선과 교사들의 새로운 아이디어에 관심을 갖는다, 13) 공사가 분명하게 교사를 대한다'를 변혁적 지도성 측정문항으로 보았다. 해당 문항은 1(전혀 그렇지 않다)에서 5(매우 그렇다)까지의 리커트 척도문항으로서 문항 응답의 합산평균값을 변혁적 지도성 수준으로 활용하였다.

새롭게 설문을 구성하는 경우에도 강조했던 이론적 배경에 대한 내용은 기존 데이터를 활용하는 경우에도 마찬가지로 중요하게 요구된다. 이 연구에서도 이론적 배경에서 제시된 비전 설정, 개인에 대한 배려, 전문성 신장 등 변혁적 지도성과 관련된 문항을 변혁적 지도성 변수로 선정하였고 이들 문항을 선정한 근거로 박상완, 윤미숙(2007)에서 선정한 변혁적 지도성 측정 문항임을 밝히고 있다. 그럼에도 불구하고 앞서 설명한 바와 같이, 연구자는 대규모 설문조사를 활용하는 경우 기존에 조사지에서 주어진 문항을 이용하기 때문에 변혁적 지도성 측정문항 수가 제한되는 한계점이 존재함을 밝히고 있다(이광현, 2010).

이처럼 기존의 데이터에서 교사를 대상으로 교장의 지도성을 묻는 문항의 일부를 추출한 후 변혁적 지도성으로 활용하는 연구는 경기교육종단연구의 교사 데이터를 활용하여 학교장의 변혁적 지도성과 학교조직의 활력풍토와 교사 효능감, 교사 직무만족도와의 구조적 관계에 대해 규명한 이동배(2015)의 연구도 있다. 이외에도 부산교육종단연구 등 시도별로 구축해서 데이터를 수집하고 있는 교육종단연구에 포함되어 있는 문항을 활용하여 교육지도성에 대한 연구를 수행하는 경우가 빈번하다.

반면, 설문문항을 구성하여 직접 설문조사를 실시할 수도 있다. 이보영 외(2022)의 연구에서는 교사의 디지털 리터러시, 학교장의 변혁적 지도성이 교사 몰입을 매개로 ICT 수업 혁신행동에 미치는 영향을 분석하고자 전국 초, 중, 고 교사 639명의 데이터를 직접 수집하였다. 설문조사 모집단은 국내 초·중·고등학교 교사이고 이들을 대상으로 비확률표집방법 중 하나인 편의표집과 자원자표집 방법을 활용하여 최종 설문 응답을 수집하였다. 모집단의 특성을 적절히 반영할 수 있을 것으로 고려되는 최소 표본 수 산출 공식에 따르면, 모집단인 국내 초중등 교사 총원이 441,796명일 때, 신뢰수준 95%, 허용 오차 ±5%에서 필요한 최소 표본 수는 383.67명이다. 응답 자료수는 639부로 적절한 수준의 표본 추출 규모를 충족했다고 볼 수 있다(〈표 Ⅱ-1〉 참고).

이 연구에서 설정한 연구문제는 다음과 같다.

연구문제 1. 교사의 디지털 리터러시는 ICT 수업 혁신행동에 유의미한 영향을 미치는가?

연구문제 2. 학교장의 변혁적 지도성은 ICT 수업 혁신행동에 유의미한 영향을 미치는가?

연구문제 3. 교사의 디지털 리터러시는 교사 몰입을 매개로 ICT 수업 혁신행동에 유의미한 영향을 미치는가?

연구문제 4. 학교장의 변혁적 지도성은 교사 몰입을 매개로 ICT 수업 혁신행동에 유의미한 영향을 미치는가?

이상의 연구문제를 구조화하여 도식화한 것이 [그림 Ⅱ-5]이다.

그림 Ⅱ-5 연구모형 및 변수별 측정도구

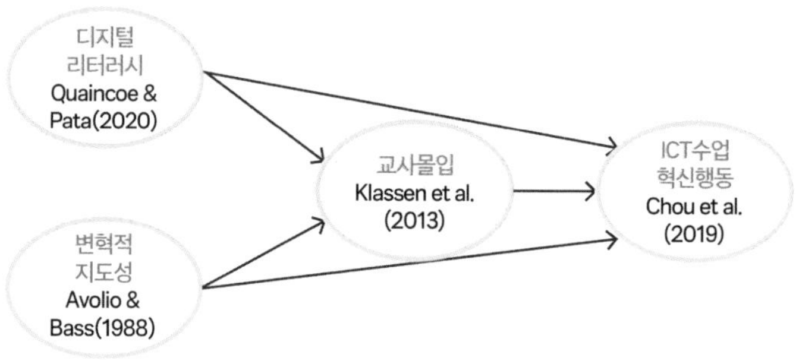

주: 이보영 외(2022)의 그림을 발췌하여 일부 수정함.

이 연구에서는 학교장의 변혁적 지도성 측정을 위하여 Avolio & Bass(1988)가 제시한 측정도구를 활용하였다. 해당 도구는 이상적 영향('사람들은 학교장을 완전히 신뢰한다.'), 영감적 동기('학교장은 우리가 무엇을 할 수 있고, 또 무엇을 해야 하는지를 명확하게 표현한다.'), 지적 자극('학교장은 다른 사람들에게 당면한 문제를 새로운 시각으로 바라보는 방법을 제시해준다.'), 개별적 고려('학교장은 다른 사람들을 스스로 발전할 수 있도록 돕는다.') 등 4개 하위 요인, 총 12개 문항으로 구성되어 있다. 이 연구에서는 교사의 디지털 리터러시 측정은 Quaincoe & Pata(2020)의 측정도구를 활용했고 매개변수로 설정한 교사 몰입은 Klassen et al.(2013)의 측정도구를 활용하였으며 교사의 ICT 수업 혁신행동은 Chou et al. (2019)의 측정도구를 활용하였다. 이상에서 살펴본 바와 같이 주어진 데이터를 활용하지 않고 설문지를 개발하는 경우에도 연구자가 완전히 새롭게 문항을 구성하기보다 선행연구에서 활용된 이론적, 실증적 배경을 갖춘 도구를 활용하는 경우가 많다.

그러나 개인 연구자가 작성하는 학위논문에서 이보영 외(2022)와 같이 최종 639명의 설문을 수집하는 경우는 흔치 않다. 양적 연구논문작성을 위해 직접 자료수집을 할 경우 현직 교사는 동료를 통해 설문조사를 진행하는 경우가 대부분이다. 밀레니얼 세대 여성 교사의 교직 만족 및 불만족 요인을 탐색한 김시은(2021)은 설문이 게시된 웹사이트 주소를 전문적 학습공동체, 온라인 여성 교사 커뮤니티 등에 게재하여 설문에 참여하고 동료 여성 교사에 공유할 것을 부탁하였다. 최종후와 전새봄(2013)은 응답자가 설문이 수록된 웹사이트에 직접 방문하여 참여하는 방문 조사 방식의 경우 해당 설문 내용에 적극 찬성하거나 반대하는 사람의 구성비가 높을 수 있음을 지적하였고, 김시은(2021)은 이러한 한계를 해소하기 위해 설문에 참여한 모든 교사에게 소정의 사례를 지급함으로써 설문 내용에 비교적 관심이 덜한 교사의 참여율도 높이고자 한 바 있다.

이처럼 개인 연구의 경우 예전처럼 지류를 활용한 설문조사가 아닌 온라인 양식을 활용하여 설문조사를 진행한다는 편의에도 불구하고 사적 친밀도에 근거해서 설문조사를 진행하거나 설문조사 참여자에게 기프티콘을 발송하는 등 설문조사 진행 자체에 대한 부담감으로부터 자유롭기 어려운 상황임을 고려하여 각 기관에서 진행하는 조사 자료를 활용하여 연구를 진행하는 경우가 많다. 특히 연구를 위해 직접 자료를 수집할 경우 소속 대학에 따라 기관생명윤리위원회(IRB)의 심의를 받아야 할 수 있으므로 최근에는 여러 측면에서 시간적 혹은 금전적으로 고려해야 할 사항을 감안하여 분석자료를 직접 수집하기보다 제공되는 자료를 활용하는 경우가 늘어나고 있는 상황이다.

설문문항은 선택형 문항이나 개방형 문항을 구성하기도 하지만 **리커트 척도**(likert scale)를 활용하지 않는 경우를 찾기는 어렵다. 그만큼 설문조사 도구로 리커트 척도가 빈번하게 활용된다는 의미인데, 논문에서 제시된 리커트 척도 활용 결과에 대한 해석이 적절하게 제시되지 않는 경우도 빈번하다. 리커트 척도에 대한 이해를 위해 아래 내용을 참고한다.

리커트 척도와 중심화 경향

리커트 척도는 측정하고자 하는 부분의 다문항 진술문에 대해 찬성과 반대의 정도를 나타내는 표준화된 응답범주이다. 리커트 척도의 진술문은 사실에 대한 판단보다는 개인의 가치를 묻는 것을 중심으로 구성되어 응답자의 태도를 측정하고 해당 항목에 대한 측정치를 합산하여 평가 대상자의 태도 점수를 얻는다. 리커트 척도는 각 문항에 따라 2, 3, 5, 7, 11단계로 구성되나 대표적으로 5단계의 리커트 척도가 가장 많이 사용된다. 5단계의 경우 1에서 5까지 점수를 부여하고 응답자가 선택한 개별 문항에 대한 점수를 합산하여 응답자의 태도와 상대적인 강도를 측정한다. 리커트 척도는 척도구성이 간단하고, 한 항목에 대한 일관적인 응답 범위에 따라 측정의 정밀성을 확보하며, 정의적인 영역을 수량화하여 표현해준다는 장점이 있다(강만기 외, 2005).

반면, 리커트 척도는 양극단의 태도는 잘 식별해 주지만 중심에 가까운 영역을 구별하는 데는 어려움이 있다. 한국과학교육학회지의 논문 중 리커트 척도를 활용한 논문의 각 응답에 대한 평균값 자료를 분석한 박현애 외(2014)의 연구에서도 5점 리커트 척도를 활용할 경우 중간값 '3'에 자료들이 중심화 경향이 나타나는 점을 확인하고 그 대안으로 4점 척도와 같이 중심화 경향이 줄어들 수 있는 방법을 고려할 수 있음을 제안한 바 있다.

다음은 한국청소년연구원에서 진행하고 있는 「다문화청소년패널조사」 2기 데이터 1-3차년도 청소년용 조사표의 문항으로 4점 척도를 활용한 조사 문항의 예시에 해당한다. 그러나 중심화 경향의 문제에도 불구하고 리커트 척도의 중간 답 항에 해당하는 'undecided'가 '찬성도 반대도 아니다', '어느 쪽도 아니다'임을 고려하여 다수의 조사 연구에서는 5점 척도를 활용하여 응답자가 중간 답 항을 선택할 수 있도록 하고 있다.

학생의 현재 학교생활은 어떤가요? 다음 문항을 읽고 보기의 번호를 골라주세요.

문항	전혀 그렇지 않다	그렇지 않은 편이다	그런 편이다	매우 그렇다
(1) 나는 수업 시간이 재미있다.	①	②	③	④
(2) 우리 학교는 공부하기에 좋은 분위기다.	①	②	③	④
(3) 나는 우리 학교 선생님들이 좋다.	①	②	③	④
(4) 나는 우리 학교 친구들이 좋다.	①	②	③	④

출처: 한국청소년정책연구원(2023).

2) 데이터 활용

다음 〈표 Ⅱ-2〉는 교육 유관기관에서 구축하고 있는 **교육 빅데이터** 목록과 데이터를 확보할 수 있는 사이트에 대해 정리한 내용이다.

표 II-2 교육 유관기관 및 시도교육청 보유 데이터 현황

유관기관	보유 데이터
한국교육과정평가원	국가수준학업성취도평가, 대학수학능력시험, 국제학업성취도평가(TIMSS, PISA, ICILS)
한국교육개발원	교육기본통계조사, 한국교육종단연구, 학교교육실태및수준분석, 국가영재교육통계, 평생학습개인실태조사, 평생교육통계조사, 고등교육기관졸업자취업통계조사, 직업계고졸업자취업통계조사
한국교육학술정보원	교육정보통계시스템(EDS), 초중등학교교육정보화실태조사
한국청소년정책연구원	아동청소년인권실태조사, 한국아동청소년패널조사, 다문화청소년패널조사, 학업중단청소년패널, 청소년사회경제실태조사
한국직업능력연구원	인적자본기업패널조사, 한국교육고용패널조사
국가평생교육진흥원	학점은행제통계, 독학학위제통계, 평생학습계좌제통계, K-MOOC통계, 성인문해통계, 국가평생학습포털늘배움통계, 학부모지원센터통계
한국대학교육협의회	대학정보공시통합정보시스템
한국사학진흥재단	사립대학예결산, 교육시설현황, 법인수익용기본재산현황, 정부지자체고등교육재정지원현황
한국장학재단	대학등록금및장학금통계조사
한국과학창의재단	과학창의 연례통계
시도교육청	종단연구(서울, 부산, 대구, 대전, 세종, 경기, 강원, 전남, 전북 등)

출처: 최인봉 외(2021)에서 발췌 및 재구성함.

교육 공공데이터는 교육부, 시도교육청, 교육 유관기관 등에 축적된 교육 관련 데이터로서 공공데이터포털(data.go.kr)의 '교육' 카테고리와 학교 알리미, 유치원 알리미, 교육통계서비스 등 아래의 누리집에서 확인 가능하다.

표 II-3 교육 관련 공공데이터 제공 사이트

제공 서비스	교육관련 기관 자료 목록(예시)
어린이집·유치원 통합정보공시 (www.childinfo.go.kr)	어린이집·유치원 기본현황, 영유아 현황, 교직원 현황, 교육·보육과정(비용) 현황 등
유치원알리미 (e-childschoolinfo.moe.go.kr)	유치원 규칙·시설 등 기본현황, 유아 및 유치원 교원 등에 관한 사항, 유치원 교육과정 및 방과후 과정에 관한 사항 등
학교알리미 (www.schoolinfo.go.kr)	학교 시설 및 교사 현황, 학생 및 교원 현황, 교육 현황 등
대학알리미 (www.academyinfo.go.kr)	학교 규칙, 학교 발전 계획, 교원확보 현황, 전임교원의 연구실적, 대학회계, 도서관 현황 등
교육통계서비스 (kess.kedi.re.kr)	교육기본통계, 국제통계, 통계간행물, 테마통계, 이슈통계 등
나이스 교육정보 개방포털 (open.neis.go.kr)	학교기본정보, 급식식단정보, 학사일정, 학원교습소정보 등
학구도안내서비스 (schoolzone.emac.kr)	학교 및 교육청 찾기, 초등학교 통학구역, 중학교 학교군·중학구, 고등학교 학교군 등
한국교육고용패널 (www.krivet.re.kr)	고등·대학 생활, 대학 입학준비, 교육 훈련, 자격증, 구직활동 등

출처: 교육부 블로그.

에듀데이터서비스(EDSS)는 해당 누리집(edss.moe.go.kr)을 참고하면 된다. 자료는 다음과 같이 신청이 가능하고 신청시 즉시 다운로드가 가능하다. 자료는 최근 3년 간 학교에 대한 전수 데이터를 기본으로 하고 그 이전 자료는 홈페이지의 신청란을 활용하여 신청 후 제공받을 수 있다.

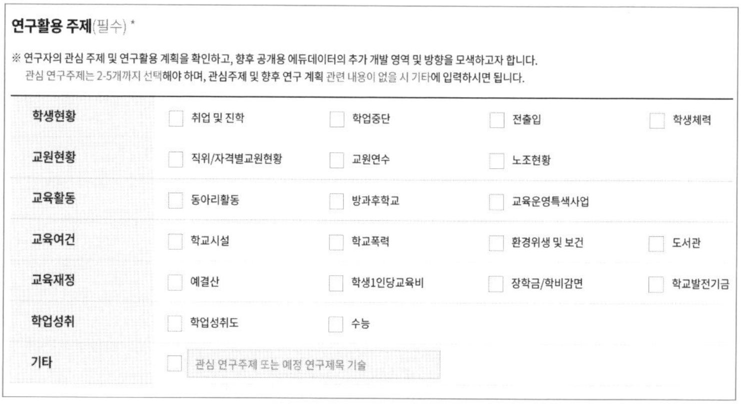

연구활용 주제(필수) *

※ 연구자의 관심 주제 및 연구활용 계획을 확인하고, 향후 공개용 에듀데이터의 추가 개발 영역 및 방향을 모색하고자 합니다.
관심 연구주제는 2-5개까지 선택해야 하며, 관심주제 및 향후 연구 계획 관련 내용이 없을 시 기타에 입력하시면 됩니다.

학생현황	취업 및 진학	학업중단	전출입	학생체력
교원현황	직위/자격별교원현황	교원연수	노조현황	
교육활동	동아리활동	방과후학교	교육운영특색사업	
교육여건	학교시설	학교폭력	환경위생 및 보건	도서관
교육재정	예결산	학생1인당교육비	장학금/학비감면	학교발전기금
학업성취	학업성취도	수능		
기타	관심 연구주제 또는 예정 연구제목 기술			

제공되는 데이터를 활용할 경우 데이터 수집에 따르는 수고로부터 자유로울 수는 있으나 연구자가 계획한 대로 구성한 설문지에 비해 제공한 자료의 구조는 대단히 복잡하다. 따라서 자료분석 전에 제공된 자료의 설계 및 설문지, 코딩 자료 등을 포함하여 자료에 대한 충분한 검토의 시간이 요구된다. 〈표 Ⅱ-4〉는 2012년에 구성된 경기교육종단연구의 조사 대상 및 시기에 대한 내용이다.

표 II-4 경기교육종단연구 조사 대상 및 시기

시기 / 대상	학년별 조사 시기(연도)									
	2012	2013	2014	2015	2016	2017	2018	2019	2020	2021
초등학교 패널	초4	초5	초6	중1	중2	중3	고1	고2	고3	Follow －up
중학교 패널	중1	중2	중3	조사 중단						
고등학교 패널	고1	고2	고3	Follow －up						

다음은 경기도교육연구원에서 제공하는 경기교육종단연구의 질문지, 코드북 및 데이터를 다운로드 받는 웹페이지와 매년 실시되고 있는 경기교육종단연구를 활용하여 분석한 연구 결과를 공유하는 학술대회에 대한 내용이다. 종단자료에 대한 충분한 이해를 위해서는 질문지와 코드북을 토대로 제공받은 자료를 면밀히 살펴볼 필요가 있다. 뿐만 아니라 학술대회에서 발표되는 논문들을 통해 경기교육종단연구에 대한 분석예시를 학습하는 것도 해당 종단자료를 이해하기 위해 필요한 과정이다.

국내 교육연구 데이터 제공 사이트

▪ 지표누리(index.go.kr)

지표누리는 통계청에서 관리·운영하는 5종의 지표체계를 한 곳에 모아 제공하는 사이트로 e-나라지표, 국가발전지표, 한국의 사회지표, 국민 삶의 질 지표, 지속가능발전목표(SDG)로 구성되어 있음. 수록된 모든 지표에 대해 그래프 형태의 시각화된 시계열 정보 및 상세 통계표를 제공함.

▪ KSDC(한국사회과학데이터센터)(ksdcdb.kr)

한국 최대 사회과학 조사, 통계자료 아카이브로 KSDC DB는 정부, 공공기관, 연구소, 민간단체 등 여러 기관에서 생산된 조사 및 통계자료를 표준화하여 구축 및 서비스하는 통합DB임.

▪ KOSSDA(한국사회과학자료원)(kossda.snu.ac.kr)

연구기관들과 개인 연구자들이 산출하는 조사자료, 통계자료, 면접 및 구술자료, 기록문서, 관찰기록 등의 연구자료를 수집하여 디지털 DB로 구축하고, 이를 연구에 활용할 수 있도록 웹사이트를 통해 제공함.

▪ 공공데이터포털(data.go.kr)

공공기관이 생성 또는 취득하여 관리하고 있는 공공데이터를 한 곳에서 제공하는 통합 창구임. 포털에서는 누구나 검색을 통해 쉽고 편리하게 공공데이터를 이용할 수 있도록 파일데이터, 오픈API, 시각화 등 다양한 방식으로 자료를 제공함. 학교알리미(schoolinfo.go.kr)에서 제공하고 있는 학교별 정보에 대한 메타자료를 이용하고자 할 경우 이 사이트를 이용하는 것이 효과적임. 학교알리미는 최근 3년 자료만 전수로 공개하고 있고 그 이전 자료를 활용하고자 할 경우에는 에듀데이터서비스를 통해 데이터를 신청하고 확보할 수 있음. 단, 이를 통해 확보된 데이터는 전수자료가 아니고 학교를 식별할 수 없음.

- 국가마이크로데이터센터(mdis.kostat.go.kr)

통계청 및 정부 각 부처, 지자체, 연구기관 등 타 통계 작성 기관의 마이크로데이터를 모아 활용할 수 있도록 제공함.

교육 분야에서 해외 데이터로 가장 많이 활용하는 데이터는 OECD에서 제공하는 교육 데이터이다. **OECD 교육통계자료**는 매년 OECD에서 발표하고 이 결과를 교육부와 한국교육개발원에서도 발표하고 있다. 다음은 OECD에서 제공하는 교육데이터와 이를 활용하여 발표한 연구물의 주제 예시다.

- Education at a Glance(EAG)

교육부와 한국교육개발원에서 매년 번역본으로 발간하는 「OECD 교육지표」의 원 보고서임. 교육관련 통계를 주제별로 국제비교할 수 있음.

연구주제 예시:
- 교육지표로 본 한국의 교육력 평가
- 부모 배경에 따른 교육불평등은 심화되었는가
- 연령통합적 관점에서 본 OECD 각국의 교육체계 비교

- Programme for International Student Assessment(PISA)

국제학업성취도평가, 만 15세 학생을 대상으로 읽기, 수학, 과학 능력을 3년마다 평가함.

연구주제 예시:

- OECD 교육지표와 PISA를 이용한 수학 수업 시간 국제 비교
- PISA 2012 결과에 의한 수학 학업성취도와 학습 심리 변수의 관계 분석
- 국제학력평가와 교육정책의 상관관계 분석

▪ Program for the International Assessment of Adult Competencies (PIAAC)

국제성인역량조사로 OECD가 각국 성인의 언어능력, 수리력, 컴퓨터 기반 문제해결력을 5년마다 평가함.

연구주제 예시:

- 평생학습 참여의 역량 효과 연구
- 교원의 역량 개발을 위한 비형식 학습 참여 효과 분석
- 성인의 학습준비도와 청소년기 학습흥미도 간의 관계 국제 비교: PIAAC과 PISA의 활용

▪ Teaching and Learning International Survey(TALIS)

교수·학습국제조사, OECD가 각국의 교사 양성, 교사의 자기 효능감과 직무 만족도, 학교에서의 리더십 등 다양한 주제에 대해 조사하는 교원 및 교직환경 국제비교자료임.

연구주제 예시:

- 교사협력활동과 교사효능감, 교수역량의 구조적 관계 분석
- 중학교 교사의 효능감 영향 요인 및 잠재프로파일 분석
- 학교 혁신문화와 교사효능감이 교수활동에 미치는 영향

다. 분석방법 및 결과해석

1) 통계분석법의 개요

(1) 측정

통계적 검정을 위한 분석 방법을 결정하기 위해서는 우선, 계량화된 자료의 성격을 파악하는 과정이 필수적이다. 즉 자료가 어떠한 척도를 활용하고 있는지를 파악하고 그 다음으로 자료의 척도에 맞는 통계 분석을 선정하는 과정이 진행된다.

측정(measurement)은 사물이나 사건을 구분하기 위하여 이름을 부여하거나 사물이나 사건의 속성을 구체화하기 위하여 특정한 규칙에 따라 수나 이름을 부여하는 절차를 말하고 **척도**(scale)는 사물이나 사건의 속성을 구체화하기 위한 측정의 단위를 의미한다. 본질적으로 **측정척도**는 점수 안에 내재된 정보의 양에 근거하여 명목척도(nominal scale), 서열척도(ordinal scale), 등간척도(interval scale), 비율척도(ratio scale)라는 일반적인 범주로 구분된다. 각각의 척도에 대한 내용과 예시는 다음과 같다.

- 모수통계분석(parametric)-계량: 등간척도, 비율척도
- 비모수통계분석(nonparametric)-비계량: 명목척도, 서열척도, 또는 모집단이 정규분포 가정과 등분산성 가정을 만족하지 못할 때 사용하는 통계적 추리방법.

표 II-5 측정척도의 유형

구분	내용	예시
명목척도	서열 없이 측정, 단순히 서로 다른 두 개 이상의 분류를 알려줌.	성별, 지역, 국적
서열척도	서열 있게 측정, 측정치의 분류는 서로 다르고 서열화될 수 있음을 나타냄.	석차, 만족도
등간척도	서열 있게 측정하고 척도상에 수로 동간격을 설정함.	IQ 점수, 온도, 달력 날짜
비율척도	동간 외에도 절대영점을 지님.	높이, 길이, 무게

(2) 측정의 평가: 신뢰성과 타당성

신뢰성(reliability)은 측정결과의 일관성을 의미하는 것으로 동일한 측정 도구를 사용하여 동일한 개념을 반복 측정했을 때 일관성 있는 결과가 도출되는지에 대한 것이다. 앞서 다문화 수용성에 대한 개념을 측정하기 위해 「한국아동·청소년패널조사(KCYPS)」의 문항을 활용하였는데 조사 당시 5문항에 대해 내적 일관성 검사를 통해 3개 문항을 추출하여 사용하였다. 이처럼 여러 문항을 활용하여 하나의 개념을 측정할 때에는 내적 일관성에 대한 검사를 하게 되는데 이를 동질성 내지는 신뢰성으로 파악한다.

동질성 (Homogeneity, 내적 일관성, 모든 문항이 동일 개념 측정, Cronbach's alpha)

- 내적일관성에 의한 신뢰성(Internal Consistency Reliability) 평가
- 하나의 개념을 여러 문항으로 질문 → 항목 간 유사 값 여부 평가
- 크론바흐 알파(Cronbach's α) 계수 활용: 0과 1 사이의 값
- 신뢰성 분석 기준

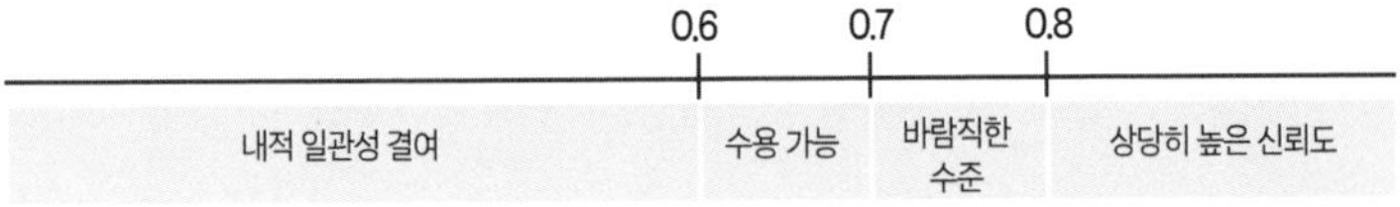

☞ 신뢰성을 높이는 방법: 0.6 이하 항목 제거하고 분석

신뢰성 검증 결과 내적 일관성이 결여된 경우, 선행연구에서는 0.6 이하인 항목을 제거하고 분석함으로써 신뢰성을 높이는 방법을 적용한 바 있다(정승철, 천영민, 2016). 크론바흐 알파 값을 확인할 수 있는 통계분석 결과표에는 각각을 제거했을 때 해당 값이 어떻게 변화되는지를 보고하고 있으므로 해당 수치를 보고 각 항목을 제거했을 때 크론바흐 알파 값이 좋아지는지, 0.6 미만의 값인지, 포함 여부를 뒷받침하는 이론적 근거 등을 종합적으로 판단하여 연구자가 결정을 내리는 것이 적절할 것이다. 양적연구에서 통계적 검정이 중요한 절차이기는 하나 항상 명심해야 할 것은 연구자의 전문적인 판단(judgemental call)이 기본적으로 함께해야 한다는 것이다. 참고로 Hair et al.(2016)은 크론바흐 알파 값이 0.6 보다 작을 때 'Poor', 0.6 이상 0.7 미만일 때 'Moderate', 0.7

이상 0.8 미만일 때 'Good', 0.8 이상 0.9 미만일 때 'Very Good', 0.9 이상일 때 'Excellent'라고 표현한 바 있다.

반면, **타당성**(validity)은 정확성으로 측정항목의 체계적(systemic)·지속적(permanent) 오류 발생 정도를 의미한다. 내용 타당성(content validity)은 해당 분야 전문가에 의한 문항 평가를 통해 타당성 높은 측정 항목을 선별함으로써 확보되고 개념 타당성(construct validity)은 측정 문항이 조사하려는 추상적 개념의 정확한 반영 여부를 평가하는 것으로 판별타당성, 집중타당성이 이에 해당한다.

(3) 가설의 검정

가설의 검정은 검정통계량을 이용해서 이루어진다. 이때 검정통계량은 귀무가설의 기각 및 채택 여부 판단 기준이 되는 수학식으로 검정대상에는 평균, 비율 등이 활용된다.

z-검정 → 정규분포 t-검정 → t-분포
F-검정 → F-분포 χ^2-검정 → χ^2-분포

귀무가설 기각 및 채택 여부를 판단하기 위해서는 임계치(critical value), 즉 표본으로부터 계산된 검정 통계량 값과 비교할 수 있는 기준에 대한 결정이 필요하다. 이를 대개 "**유의수준**(α) 또는 **유의확률**(p값, p-value) 설정"으로 표현한다. 유의수준(significance level) α는 귀무가설이 옳지만 연구자가 대립가설 채택 오류를 범하는 확률, 즉 **제1종 오류**(Type I error)를 제한하는 수준 값으로 일반

적으로 .05, .01, .001 등으로 설정된다. 예를 들어, 유의수준 $\alpha = 0.05$ 선택의 의미는 실제로는 귀무가설은 '참'인데도 통계적 검정에서 귀무가설을 부정하고 대립가설을 채택할 확률이 5%라는 의미이다. 즉, 20번 중 1번 정도 오류를 범하는 것을 허용한다는 의미이다.

유의수준(α) (Type Ⅰ error)

- 귀무가설이 참이지만, 귀무가설을 기각하는 오류
- 실제 음성(정상)인 것을 양성(감염)으로 판정하는 것
- "거짓 양성 또는 알파 오류(α error)"
- 효과가 없는 것을 효과가 있다고 하는 것

제2종 오류 (Type Ⅱ error)

- 귀무가설이 거짓이지만, 귀무가설을 채택하는 오류
- 실제 양성(감염)인 것을 음성(정상)으로 판정하는 것
- "거짓 음성 또는 베타 오류(β error)"
- 효과가 있는 것을 효과가 없다고 하는 것
- 검정력: 실제 양성(감염)인 것을 양성(감염)으로 판정하는 것, $1-\beta$

먼저, 유의수준 α를 이용해서 가설을 검정하는 방법은 다음과 같다.

① 유의수준 α 결정(예: $\alpha = 0.05$)
② 통계량의 확률분포 → 임계치 도출, 예) 정규분포 → z-통계량

③ '표본자료로 계산된 통계량 값 vs. 임계치' 비교 → 귀무가설 기각 여부 결정

- 기각역: 표본으로부터 계산된 통계량의 값이 임계치보다 큰 영역 ⇔ 채택역

④ 가설 채택 여부 결정: 계산된 검정 통계량의 값(관측치, 계산된 표본 통계량의 값)과 통계량의 확률분포로부터 구한 임계치를 비교해서 ⇒ 귀무가설 채택/기각 결정

다음으로, p-값(p-value)을 이용해서 가설을 검정하는 방법은 다음과 같다. p-값은 귀무가설이 맞다고 가정 시, 조사 결과보다 더 극단적 결과가 실제로 관측될 확률로서 관찰 데이터와 귀무가설의 양립 정도를 0~1 수치로 표현하며 p-value가 작을수록 그 정도가 약하다고 본다. .05 또는 .01 등 특정 값보다 작을 경우 귀무가설을 기각하고 해당 표현은 $*p<.05$와 같이 한다.

① p-value 계산, 표본으로부터 계산된 통계량의 값보다 큰 값이 발생될 확률 계산

- z-통계량 → 정규분포 이용, t-통계량 → t-분포 이용

② p-value, 기준값(0.05 또는 0.01) 비교 → 귀무가설 기각 여부 결정

- $\Pr(z>3.01)=0.00135 < 0.05$, 정규분포 이용 → p-값(p-value) 계산

그림 II-6 확률밀도함수에서 유의수준과 검정

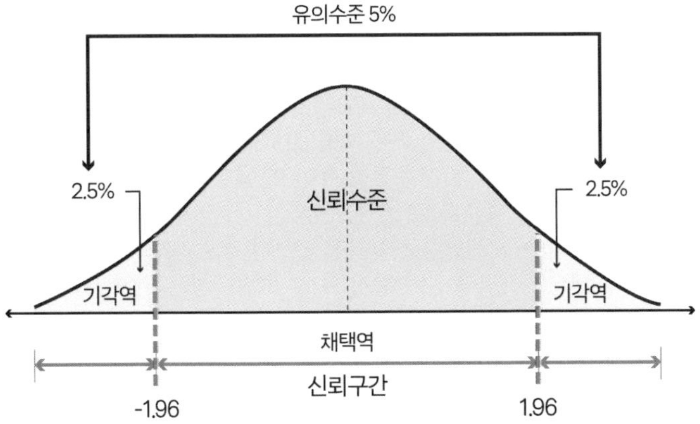

위의 그림에서 볼 수 있듯이 유의수준 5%에 대한 임계치는 ±1.96이다. t-검정에서 t-값이 1.96보다 클 경우 유의수준 5%에서 유의한 차이가 있다고 해석한다. 즉, 신뢰수준 95%(유의수준 5%)에서 해당 값은 0이 될 수 없다(두 모집단의 평균이 같다고 할 경우 같을 수 없다는 의미이고 두 모집단의 평균의 차이가 0과 같다고 할 경우에는 0이 될 수 없다는 의미이다). 즉, 귀무가설(영가설)이 기각된다는 의미이고 대립가설이 채택된다는 의미이다. 이때 유의수준이 1%가 되면 임계치는 ±2.58이고 0.1%이면 ±3.30이다.

표 II-6 단일모집단 평균과 비율에 대한 가설 검정

양측검정	■ 모집단평균이 부호에 관계없이 특정 값을 가질 것을 기대하는 경우 예) H_0: 모집단평균=3.2, Ha: 모집단평균≠3.2
단측검정	■ 모집단평균이 특정 값보다 클 것으로 기대하는 경우 (우측 단측검정, H_0: 모집단평균≤3.2, Ha: 모집단평균>3.2) ■ 모집단평균이 특정 값보다 작을 것으로 기대하는 경우 (좌측 단측검정, H_0: 모집단평균≥3.2, Ha: 모집단평균<3.2)
단일모집단 평균 검정	■ 모집단 평균에 대한 가설 설정(H_0: 모집단 평균≤3.2, Ha: 모집단평균>3.2) ■ 표본으로부터 계산된 통계량 z값과 임계치(α) 비교를 통해 가설 채택 여부를 결정함
단일 모집단 비율 검정	■ 모집단 비율에 대한 가설 설정(H_0: 모집단 비율≤.2, Ha: 모집단 비율>.2 ■ 표본으로부터 계산된 통계량 z값과 임계치(α) 비교를 통해 가설 채택 여부를 결정함
중심극한 정리	■ 표본 크기가 충분히 클 때의 표본 평균 분포는 모집단의 분포 모양과 관계없이 정규 분포에 수렴

[두 집단 평균 차이에 대한 가설검정: 검정통계량 t]

첫째, 독립적 두 집단의 평균 차이 검정은 독립 t-test를 활용하고 검정통계량은 $t=\frac{\overline{X_1}-\overline{X_2}}{\sqrt{(\frac{S_1^2}{n_1})+(\frac{S_2^2}{n_2})}}$이다(t-검정(n>30, 정규분포와 같음). 두 집단 자유도는 n_1-1+n_2-1이다(한 집단의 자유도는 n-1)).

t-통계량의 임계지는 1.96(유의수준 5%)이고 두 집단의 평균이 같다(귀무가설), 다르다(대립가설)는 양측검정(양쪽 2.5%씩)을 적용한다(귀무가설 H_0: $\mu_1 = \mu_2$, 대립가설 Ha: $\mu_1 \neq \mu_2$).

둘째, 한 집단에서 짝(전-후)을 이룬 값의 차이 검정(대응 t검정(paired-t검정))은 한 집단의 전-후 평균차이가=0이다(귀무가설), 0보다 크다(대립가설)로서 단측검정을 적용한다(귀무가설 H_0: d(두 표본값의 차이)=0, 대립가설 Ha: d>0).

[두 집단 비율 차이에 대한 가설검정: 검정통계량 z]

첫째, 서로 독립인 두 집단 간 비율차이에 대한 가설검정은 두 집단의 비율차이가 = 0(대립), 0보다 크다(대립)에 대한 검정으로서 단측검정을 적용한다(귀무가설 H_0: $\pi_1 \leq \pi_2$, 대립가설 Ha: $\pi_1 > \pi_2$).

둘째, 한 집단에서 짝을 이룬 값들의 차이에 대한 검정은 한 집단의 전-후 비율 차이가=0이다. 0보다 크다(대립가설)에 대한 검정으로서 단측검정을 적용한다(귀무가설 H_0: $\pi_1 \geq \pi_2$, 대립가설 Ha: $\pi_1 < \pi_2$).

- 양측검정: 어떤 값이다, 아니다 즉, 방향성 없음 $\alpha/2$
- 단측검정: 어떤 값보다 크다, 작다 즉, 방향성 있음 α

[세 집단 이상 집단의 평균 차이에 대한 가설검정: 검정통계량 F]

세 집단 이상 집단의 평균 차이에 대한 가설검정을 분산분석(Analysis of Variance: ANOVA)이라고 한다.

귀무가설 H_0: $\mu_1 = \mu_2 = \mu_3$

분산분석을 적용하기 위한 전제조건

(1) 독립성: 각 집단은 독립적이어야 한다. (무작위 표본으로 선정)
(2) 정규성: 모집단은 정규분포를 이루어야 한다. (각 집단별 표본의 수가 30개 이상)
(3) 등분산성: 집단별 분산의 정도가 비슷해야 한다.

[카이제곱 검정(Chi-square Test): χ^2-분포]

집단별로 명목척도나 서열척도로 측정된 변수의 분포에 차이가 있는지를 파악하기 위한 통계기법으로 관찰된 빈도가 기대되는 빈도와 의미 있게 다른지의 여부를 검정하기 위해 사용되는 검정 방법이다. 귀무가설은 "두 변수 간의 관계가 서로 독립적이다"로 설정한다.

주의사항

셀(cell)의 크기가 기대빈도가 5이하인 셀이 전체의 25%를 초과할 때에는 독립성 분석을 하지 않는 것이 좋음

(4) 통계기법의 분류

통계기법은 변수의 수에 따라 단일변수에 대한 분석을 의미하는 단일변량 통계분석과 두 변수 이상에 대해 분석하는 다변량

통계분석이 있다. **단일변량 통계분석**은 빈도분석 등과 같이 단일 변수에 대한 기술 및 자료에 대한 요약을 의미한다. **다변량 통계분석**은 두 변수 간 관련성의 경우에는 교차분석이나 상관분석, t-검정이 활용되고 셋 이상의 변수 관계의 경우에는 F-검정, 회귀분석, 요인분석 등이 활용된다.

표 II-7 통계기법의 분류

통계기법 구분	▪ 변수의 수: 단일변량 통계 분석, 다변량 통계 분석 ▪ 척도의 종류: 모수통계분석, 비모수통계분석
단일변량 통계분석	▪ 한 변수의 분포상의 특성을 파악하는 데 사용되는 분석방법 ▪ 활용 통계량: 빈도, 백분율, 평균, 분산의 정도 등과 같은 기술통계량을 사용함
다변량 통계분석	▪ 2개 또는 그 이상의 변수들 사이의 관계를 파악하는 것 ▪ 변수들 간 종속관계(causality) 분석: 카이제곱, t-검정, F-검정, 판별분석, 로짓분석, 회귀분석 ▪ 상호의존관계(interdependence) 분석: 요인분석(변수들 간 상호관계 분석), 군집분석(응답자들간 상호관계분석)

표 II-8 다변량 통계분석

	구분	독립변수 척도	종속변수 척도
종속관계분석	χ^2 분석	비모수	비모수
	분산분석	비모수	모수
	판별분석	모수	비모수
	로짓분석	모수	비모수
	회귀분석	모수	모수
상호의존 관계분석	요인분석		
	군집분석		

2) 통계분석 및 결과해석의 이론과 실제

(1) 차이검정

종속변수가 연속형 변수이고 독립변수가 범주형일 경우 **평균차이 검정**을 적용하고 종속변수와 독립변수가 모두 범주형일 경우 **비율차이 검정**을 쓴다. 평균차이 검정에서 독립변수의 범주가 2개일 때, t-검정을 적용하고 독립변수의 범주가 3개 이상일 때 분산분석(ANOVA, F-검정)을 활용하며 비율차이 검정에서는 카이제곱(x^2) 검정을 적용한다.

① 평균차이 검정

t-검정

다음은「다전공 선택 요인 및 다전공자 대학생활 실태 분석」에서 다전공 이수 여부에 따른 대학생활 경험 차이를 분석한 결과이다. 해당 분석은 평균차이 검정으로 독립변수의 범주가 2개이고 두 집단 간 대학생활 경험 차이를 분석하고자 하였으므로 독립표본 **t-검정**을 사용하였다. 이때의 영가설은 '다전공자와 단일전공자의 대학생활 경험에 차이가 없다.', 구체적으로 '졸업평점 평균은 같다.', '휴학여부 평균은 같다.' 등으로 제시할 수 있다. 먼저 학업성적 및 지속의 측면에서 분석한 결과는 다전공 학생들이 단일전공 학생들에 비해 졸업평점이 높고 휴학이나 졸업유예 및 초과학기를 선택하는 비율이 99.9% 신뢰수준(유의수준 0.1%)에서 유의하게 높았다. 전공 및 대학 만족도와 대학 프로그램 참여도의 측면에서 전공 만족도의 경우는 단일전공과 다전공 간에 유의한 차이가 나타나지 않았다. 대학 만족도와 대학 프로그램 참여도는 다전공 이수 학생들이 유의하게 높았다.

표 II-9 다전공 여부에 따른 대학생활 경험 차이

구분			사례수	평균	표준편차	t-값
학업 성적 및 지속	졸업평점	단일전공	11,399	80.22	9.526	-6.856***
		다전공	2,644	81.51	8.474	
	휴학 여부	단일전공	11,399	.22	.414	-13.750***
		다전공	2,644	.36	.479	
	졸업유예 여부	단일전공	11,399	.14	.347	-11.796***
		다전공	2,644	.25	.431	
	초과학기 여부	단일전공	11,399	.09	.283	-16.648***
		다전공	2,644	.23	.422	
만족도 및 참여도	전공 만족도	단일전공	11,399	3.47	.811	0.227
		다전공	2,644	3.47	.849	
	대학 만족도	단일전공	11,399	3.41	.884	-6.638***
		다전공	2,644	3.54	.890	
	대학 프로그램 참여도	단일전공	11,399	4.11	5.603	-3.636***
		다전공	2,644	4.55	5.485	

*$p<.05$, **$p<.01$, ***$p<.001$

분산분석

다음은 「대학 학제 구분에 따른 등록금 지원 효과 분석」에서 **분산분석**을 활용한 사례의 일부를 발췌하여 제시한 것이다. 4년제 대학에 재학 중인 학생들의 전공계열(인문, 사회, 교육, 공학, 자연, 의약, 예체능계열)에 따른 학자금 대출액의 차이 분석에는 독립변수의 범주가 3개 이상이므로 분산분석(ANOVA, Analysis Of Variance)이 활용되었다. 이때의 영가설은 '전공계열에 따라 학자금 대출액에 차이가 없다.'이다. 분석 결과는 다음과 같다. 우선 전공계열에 따라 학자금 대출액은 유의한 차이가 있었다(99.9% 신뢰수준, 0.1% 유의수준). 다음으로 7개 집단 중 어느 집단 간 차이가 통계적으로 유의한지 알아보기 위하여 Scheffé 검정을 실시하였다. 그 결과 인문, 사회, 교육계열보다는 자연, 공학 계열 대학생의 학자금 대출액이 유의하게 높았고, 자연, 공학 계열에 비해 의약, 예체능 계열 대학생의 학자금 대출액이 유의하게 높았다.

표 II-10 변수에 따른 학자금 대출액의 차이 분석

(단위: 만원)

구분		사례수	평균	F-값	사후검정
전공계열	인문①	590	1,065.50	22.293***	①, ②, ③<④, ⑤<⑥, ⑦
	사회②	827	941.12		
	교육③	261	884.64		
	공학④	1,064	1,172.85		
	자연⑤	519	1,105.51		
	의약⑥	219	1,477.26		
	예체능⑦	450	1,465.19		

$^{*}p<.05$, $^{**}p<.01$, $^{***}p<.001$

② 비율차이 검정

다음은 「다전공 선택 요인 및 다전공자 대학생활 실태 분석」에서 전공 선택 동기에 따라 동일전공을 선택할 것인지에 대한 **비율**

차이 검정을 한 결과에 대한 해석이다. 내재적 동기에 의해 전공을 선택한 학생은 동일 전공을 선택하겠다는 응답(61.1%)이 외재적 동기에 의해 전공을 선택한 학생들이 동일 전공을 선택하겠다는 응답(47.9%)에 비해 99.9% 신뢰수준에서 유의하게 높았다($p<.001$).

표 II-11 전공 선택 동기에 따른 동일전공 선택 여부 차이 분석

(단위: 명(%))

구분	동일전공 선택 안함	동일전공 선택함	전체	χ^2
외재적 동기에 의한 전공 선택	3,732(52.1)	3,433(47.9)	7,165(100.0)	244.913***
내재적 동기에 의한 전공 선택	2,680(38.9)	4,204(61.1)	6,884(100.0)	
종합	6,412(45.6)	7,637(54.4)	14,049(100.0)	

*$p<.05$, **$p<.01$, ***$p<.001$

(2) 상관 및 인과비교 분석

① 상관분석

두 변수 간의 관련성을 나타내는 **상관분석**에는 두 연속변수 간 상관을 보여주는 Pearson 상관계수가 가장 빈번하게 활용된다. 상관계수 값은 -1에서 1까지의 값이고 상관계수의 절대값이 1에 가까울수록 변수 간 관련성이 높고 0에 가까울수록 관련성이 낮다. 상관계수가 양(+)의 값이면 정적(positive) 상관이 있고 상관계수가 음(-)의 값이면 부적(negative) 상관이 있다고 해석된다. 상관분석의 유형은 변수의 성격에 따라 다른데, 두 연속변수 간 상관분석은 Pearson 상관분석을 활용하고 두 서열변수 간 상관분석은 Spearman 상관분석을 활용한다.

다음은 「초·중등 사교육 실태와 관련 요인 분석 연구」에서 분석한 상관관계 분석표이다. 이 연구는 PISA 2012에 참가한 65개국 중 수학에 대한 사교육 참여율과 수학성취도에 대한 정보가 있는 44개국을 대상으로 분석하였다.

〈표 Ⅱ-12〉는 수학성적, 학습심리 및 사교육 참여 간 상관관계 분석표의 일부를 발췌한 것이다. 해당 분석표는 '변수 간 상관계수가 0이다.'라는 영가설을 검정한 결과이다. 표에 제시된 바와 같이 수학 성취도와 수학교과 사교육 참여율은 유의한 상관관계가 존재하지 않는 것으로 나타났고 이는 영가설을 채택하는 결과이다. 반면, 불안감의 경우 사교육 참여율과는 정적 상관이 있고 학업 성취도와는 부적 상관이 있는 것으로 나타났다.

표 II-12 수학성적, 학습심리 및 사교육 참여 간 상관관계(일부)

구분	수학교과 학업 성취도	수학교과에 대한 학습심리-불안감	수학교과 사교육 참여율
수학 성취도	1.000		
불안감	-.363*	1.000	
사교육 참여율	-.046	.443**	1.000

*$p<.05$, **$p<.01$, ***$p<.001$

② 회귀분석

회귀분석은 독립변수와 종속변수 간의 관계식을 추정하는 방법으로 독립변수가 하나일 때는 **단순회귀분석**, 독립변수가 2개 이상일 경우에는 **다중회귀분석**이라고 한다. 다음은 「초·중등 사교육 실태와 관련 요인 분석 연구」의 중다회귀분석표이고 영가설은 '모든 독립변수의 회귀계수가 0이다.'이다. 여기에서 대립가설은 '최소한 하나이상의 회귀계수가 0이 아니다.'이다. 분석 결과 이 회귀모형은 F값이 16.799, 8.693(유의확률 0.1%)로 통계적으로 유의한 모형이다. 수정된 결정계수(adj-R^2)값이 .720, .522이라는 것은 해당 모형이 종속변수 분산의 72.0%, 52.2%를 설명한다는 뜻이다.

수학 성취도를 종속변수로 두고 내적동기, 도구적동기, 자아 효능감, 자아개념, 불안감 변수를 투입하여 회귀분석을 실시한 결과는 관심국가일수록, 자아효능감이 높을수록 학업성취도에는 긍정적인 영향을 주었으나 자아개념과 수학불안감은 높을수록 학업성

표 II-13 수학성적, 학습심리 및 사교육 참여 간 영향관계

학업성취도에 대한 중다회귀분석			사교육 참여율에 대한 중다회귀분석		
설명변수	표준화계수	t-값	설명변수	표준화계수	t-값
관심국가 여부	.406	3.789**	관심국가여부	.454	3.077**
사교육참여율	-.038	-.299	학업성취도	-.065	-.299
자아효능감	.399	4.112***	자아효능감	-.232	-1.561
내적동기	.183	1.010	내적동기	.685	3.247**
도구적 동기	-.255	-1.759	도구적동기	-.224	-1.157
자아개념	-.310	-2.079*	자아개념	-.054	-.262
수학불안감	-.464	-3.469**	수학불안감	.001	.006
adj-R^2	.720		adj-R^2	0.522	
F	16.799***		F	8.693***	

*$p<.05$, **$p<.01$, ***$p<.001$

취도에 부정적인 영향을 주었다. 반면, 사교육 참여율에 영향을 주는 변수를 살펴보기 위하여 관심국가 여부, 학업성취도, 자아효능감, 도구적동기, 자아개념, 수학불안감을 투입한 결과 관심국가일수록, 내적 동기가 높을수록 사교육 참여율이 높은 것으로 나타났다.

3) 양적연구방법 학습을 위한 tip

양적연구에서 통계방법의 연구는 특히 조사연구에서 '통계'가 미치는 영향은 비단 자료분석 단계에 국한되는 것이 아니라 연구를 설계하는 과정부터 연구 전체에 영향을 미친다. 따라서 양적연구에 있어서 통계 방법에 대한 충분한 이해는 연구를 시작하기 전에 연구를 설계하는 과정에서 시작하여, 데이터를 수집하고 분석하며, 결과를 보고하고 해석하는 것까지 연구의 전체 과정에서 필요하다. 따라서 통계방법에 대한 학습은 필수적이며 아래에서는 교육연구에서 활용되는 통계방법에 대한 소개와 함께 통계방법을 학습하는 데 도움이 되는 정보를 안내하였다.

연구방법 학습에 참고하면 좋은 강의 (K-MOOC)

R을 활용한 데이터 분석을 소개하는 강의는 다수 존재하나 교육연구에 초점을 둔 강의를 중심으로 소개하면 다음과 같다.

- 박현정(서울대)「교육연구를 위한 통계방법」

R 기반 평균차이, 비율차이, 상관분석 및 회귀분석에 대한 실습 제공

- 이동환(이화여대)「교육데이터 분석」
  R 기반 회귀분석, 랜덤 포레스트, 요인분석 등에 대한 실습 제공

SPSS를 활용한 데이터 분석을 소개하는 강의 중에는 교육연구에 초점을 두고 소개하는 강의를 찾기 어려우나 다음 강의를 참고하면 SPSS 통계분석기법을 학습하고 교육연구에 적용하는 데는 무리가 없을 것으로 보인다.

- 이재광(한국공학대학교)「마케팅조사론」
  집단 간 차이 검정, 변수 간 종속관계 검정, 판별 분석 등에 대한 실습 제공

Jamovi 학습에 참고하면 좋은 강의(KOCW)와 서적

코드를 직접적으로 입력해야 하는 R과는 달리 SPSS는 직관적으로 이용하기에 상당히 편리하기 때문에 통계분석을 시작하는 연구자에게 진입장벽이 상당히 낮은 프로그램이다. 그럼에도 불구하고 개별적으로 SPSS 프로그램을 활용하기 위해서는 비용이 수반되기 때문에 최근에는 SPSS와 마찬가지로 사용이 용이하면서도 무료로 제공되는 오픈 통계프로그램인 Jamovi가 활발하게 활용되고 있다. 다음은 Jamovi 학습에 도움이 되는 KOCW 강좌와 서적에 대한 소개이다.

- [KOCW] 서창갑(동명대학교)「SW를 활용한 데이터분석」
- [KOCW-영어강의] 최윤정(이화여대)「교육통계」
- 설현수(2022). jamovi 통계프로그램의 이해와 활용(3판). 학지사.
- 황성동(2023). 누구나 할 수 있는 jamovi 통계분석(2판). 학지사.

3 양적연구논문 작성하기

가. 양적연구논문작성 개관

미국심리학회에서는 양적연구논문의 작성과정에 대해 다음과 같이 밝히고 있다(American Psychological Association, 2019). 먼저, (1) 연구의 필요성과 연구의 목적을 밝힌다. 다음으로 (2) 이론적 배경과 문헌 연구를 통해서 (3) 연구문제를 정교화하고 가설을 설정한다. (4) 연구문제와 가설을 검정하기 위하여 연구일정, 표집대상, 연구도구, 연구방법 등을 포함한 연구 설계를 한다. (5) 연구 설계에 따라서 연구도구를 사용하여 연구 자료를 수집하고 수집된 자료에 대하여 연구방법에 따라서 연구를 실행한다. (6) 연구를 실행한 후에는 연구평가를 하게 되는데 여기서는 연구결과를 해석하고 논의하여 연구문제에 대한 결론 및 한계를 정리하고 제언한다. (7) 마지막으로, 연구 보고서를 작성하면 연구논문작성의 과정은 끝이 난다.

그림 II-7 양적연구논문의 작성과정

출처: American Psychological Association(2019).

나. 양적연구논문작성 실제

1) 연구방법 작성

(1) 분석자료

양적연구논문의 연구방법 파트는 분석자료와 분석방법으로 구성된다. 먼저, **분석자료**에는 연구에 활용된 자료에 대한 설명과 분석에 투입된 주요 변수에 대한 설명 및 투입 변수들의 기초통계량에 대한 정보를 보고한다. 다음은 「초등학생의 다문화 수용도에 영향을 미치는 요인 분석」 논문의 분석자료 절의 내용 중 일부이다. 앞서 연구에서 활용 가능한 데이터로 제시했던 자료에 속하는 데이터를 분석에 활용한 사례에 해당한다.

> 본 연구에서는 한국청소년정책연구원의 「한국아동 · 청소년패널조사(Korean Children & Youth Panel Survey; KCYPS)」 자료를 활용하여 초등학생의 다문화 수용도에 영향을 미치는 요인을 분석하였다. 「한국아동 · 청소년패널조사(KCYPS)」는 전국 초 · 중학교의 재학생을 대상으로 하여 다단층화집락표집 방식을 통해 2010년 구성된 초1, 초4, 중1 표본 패널을 매년 추적하여 조사한 자료이다. 본 연구에서는 중 · 고등학생에 비해 사회적 편견이 적은 초등학생 시기를 다문화 수용도 형성을 위한 최적의 시기로 보고 초등학교 1패널의 6차년도 자료를 분석에 활용하였다. 초등학교 1패널은 전국의 98개 초등학교에서 총 2,342명의 학생이 조사에 참여하였는데, 본 연구에서는 결측치(missing value)

를 제외한 1,768명의 설문 결과를 활용하여 분석하였다.

분석자료에서 설문응답자에 대한 정보는 다음 표와 같이 설문응답자 분포 현황으로 제시하기도 하고(〈표 Ⅱ-14〉) 기술통계의 형태로 제시하가도 한다(〈표 Ⅱ-15〉). 대개 데이터를 활용하여 분석하는 경우에는 분석자료에 설문응답자 정보를 제시하기 보다 기술통계표를 제시하는 경우가 많다.

표 Ⅱ-14 설문응답자 정보

구분		빈도	비율(%)
성별	남성	230	36.0
	여성	409	64.0
연령	20대	105	16.4
	30대	245	38.3
	40대	174	27.2
	50대	95	14.9
	60대	20	3.1
학교급	초등학교	296	46.3
	중학교	135	21.1
	고등학교	208	32.6
학교유형	국공립	510	79.8
	사립	129	20.2
교직경력	1년 미만	15	2.3
	1-5년	143	22.4
	6-10년	154	24.1
	11-15년	112	17.5
	16-20년	83	13.0
	21년 이상	132	20.7
합계		195	100.0

출처: 이보영 외(2022).

표 Ⅱ-15 기술통계표

구분		평균	표준편차	최솟값	최댓값
개인 특성	밀레니얼 세대	0.793	0.406	0.000	1.000
	연령	34.547	7.192	23.000	61.000
	경력(년)	8.935	6.626	1.000	39.000
학교 특성	초등학교	0.453	0.499	0.000	1.000
	중학교	0.250	0.434	0.000	1.000
	고등학교	0.297	0.458	0.000	1.000
	국공립	0.902	0.298	0.000	1.000
만족 요인	안정	4.209	0.569	1.500	5.000
	워라밸	4.065	1.073	1.000	5.000
	가르침	4.292	0.663	1.000	5.000
불만족 요인	월급	3.594	0.832	1.000	5.000
	관리자	3.515	0.831	1.000	5.000
	승진제도	3.884	0.711	1.750	5.000
	근무제도	4.608	0.617	1.250	5.000
	안전	4.017	0.710	1.800	5.000
	인식	3.827	0.706	1.200	5.000
	교사 집단 및 교직 문화	3.613	0.857	1.400	5.000
응답자 수		276			

출처: 김시은(2021).

다음 〈표 Ⅱ-16〉은 같은 논문(「초등학생의 다문화 수용도에 영향을 미치는 요인 분석」)의 주요 변수 설명에 해당하는 표의 일부분으로 이와 같이 분석에 활용되는 변수에 대해 설명하는 표를 분석자료 파트에 제시함으로써 투입 변수에 대한 독자의 이해를 도울 수 있다. 변수에 대한 설명은 기초통계량과 연구결과에 대한 해석을 위해 필수적인 내용으로 누락되지 않도록 유의할 필요가 있다. 여기에서 다문화 수용도는 '매우 그렇다(1), 그런 편이다(2),

그렇지 않은 편이다(3), 전혀 그렇지 않다(4)'로 응답하도록 구성되어 있다. 이처럼 응답 번호가 높을수록 다문화 수용도가 낮은 것으로 구성된 문항은 **역코딩**(전혀 그렇지 않다(1), 그렇지 않은 편이다(2), 그런 편이다(3), 매우 그렇다(4))을 함으로써 수치가 높을수록 해당 변수에 긍정적인 값이 되도록 변환하는 과정이 필요하다.

표 II-16 주요 변수 설명

구분	변수 설명
종속변수	
다문화 수용도	자신과 문화적 배경이 다른 사람들에 대한 인식 관련 문항 4점 척도 평균(역코딩)
독립변수	
개인 특성 변수	
성별	남=0, 여=1
독서시간	하루 중 교과서나 참고서 외 책을 읽는 시간(분)
친구와 노는 시간	하루 중 방과 후 친구들과 노는 시간(분)

예를 들어, 다음 〈표 Ⅱ-17〉에 제시한 주요 변수의 기술통계를 살펴보면, 다문화 수용도의 평균이 3.32로 전반적으로 그런 편이다(=3) 이상의 응답 수준을 보인 것으로 해석된다. 성별은 남=0, 여=1이므로 평균이 0.49인 것은 여학생의 구성비가 49%임을 의미한다. 〈표 Ⅱ-17〉에서는 사례수를 제시하지 않았지만 일반적으로 분석에 사용된 변수의 기초통계량을 제시할 때에는 변수별 사례수에 대한 정보도 같이 보고한다.

다음 〈표 Ⅱ-18〉과 〈표 Ⅱ-19〉는 각각 종속변수가 범주형으로 로지스틱 회귀모형을 활용해서 분석한 연구에서 보고한 분석에 활

표 II-17 주요 변수의 기술통계

구분	평균	SD	최소값	최대값
종속변수				
다문화 수용도	3.32	0.595	1.00	4.00
독립변수				
개인 특성 변수				
성별	0.49	0.500	0.00	1.00
독서시간	72.48	87.437	0.00	1080.00
친구와 노는 시간	204.38	167.712	0.00	960.00
자아존중감	3.23	0.469	1.00	4.00
학업성적만족도	3.10	0.641	1.00	4.00

용된 변수 설명과 기초통계량에 대한 일부 내용의 예시이다. 〈표 Ⅱ-19〉에 제시된 기초통계량을 통해 볼 때, 전체 1,736명의 학생 중 1, 2차년도에 학교폭력을 경험한 학생이 488명이고 이들 중

표 II-18 분석에 활용된 변수 설명(일부)

구분	변수	설명
종속변수	학교폭력 경험에서 미경험으로 변화 여부 (분석 1)	1, 2차년도에 학교폭력을 경험한 바 있는 학생이 3차년도에 미경험으로 변화(=1) 혹은 계속 경험(=0) 여부
	학교폭력 미경험에서 경험으로 변화 여부 (분석 2)	1, 2차년도에 학교폭력을 미경험한 학생이 3차년도에 경험으로 변화(=1) 혹은 계속 미경험(=0) 여부
투입변수	성별	여학생=0, 남학생=1
	성적	아주 잘함=1, 잘함=2, 보통=3, 못함=4, 아주 못함=5 역코딩으로 변환하여 투입함
	경제수준	매우 잘 삼=1, 잘 삼=2, 보통=3, 어려운 편=4, 매우 어려운 편=5, 역코딩으로 변환하여 투입함

구분	변수	설명
	자기자신에 대한 생각	나는 내 자신에 대해 대체로 만족한다. 내가 잘 할 수 있는 일들이 많다. 내가 원하는 대로 일이 이루어질 것이라고 생각한다. 전혀 아니다=1, 매우 그렇다=5, 5점 척도, 평균값 활용
	분노 성향	나는 별 것 아닌 일로 싸우곤 한다. 나는 다른 사람과 치고받으며 잘 싸운다. 나는 다른 사람에게 화가 나도 금방 괜찮아진다. 전혀 아니다=1, 매우 그렇다=5, 5점 척도, 역코딩 변환하여 평균값을 활용함

81%의 학생은 3차년도에 미경험으로 변화하였고 19%의 학생은 여전히 학교폭력을 경험하고 있음을 의미한다. 반면 1, 2차년도에 학교폭력을 경험하지 않은 학생은 1,248명으로 이들 중 4%의 학생들이 3차년도에 학교폭력을 경험하였고 96%의 학생은 여전히 학교폭력을 경험하고 있지 않음을 의미한다.

표 II-19 분석 활용 변수의 기초통계량(일부)

구분	학생수	최소값	최대값	평균	표준편차
학교폭력 경험에서 미경험으로 변화 여부	488	0	1	.81	.393
학교폭력 미경험에서 경험으로 변화 여부	1,248	0	1	.04	.198
성별	1,736	0	1	.65	.479
성적	1,736	1	5	3.45	1.128
경제수준	1,736	1	5	3.17	.651
자신에 대한 생각	1,736	1	5	3.73	.814
분노성향	1,736	1	5	2.24	.680

(2) 분석방법

연구방법에서는 **연구모형**을 제시하는데 이때 각각의 변수 투입에 대한 근거는 이미 이론적 배경 부분에서 관련 이론이나 선행연구에 대한 분석을 토대로 충분히 제시되어야 한다. 다음은 「학교폭력 경험 양상의 변동 실태 및 영향요인 분석」 논문에서 제시한 연구모형이다. 이 논문의 연구문제는 '학교폭력 경험에서 미경험으로 변한 학생들은 지속적으로 학교폭력을 경험한 학생들과 어떠한 차이가 있고 차이를 설명하는 변수가 무엇인가?', '학교폭력 미경험에서 경험으로 변한 학생들은 지속적으로 학교폭력을 경험하지 않은 학생들과 어떠한 차이가 있고 차이를 설명하는 변수는 무엇인가?'이고, 이에 대한 답을 찾기 위해 활용한 연구방법은 평균 차이 검정과 로지스틱 회귀모형이다. [그림 Ⅱ-8]은 학교폭력

그림 II-8 학교폭력 경험 변화에 대한 분석모형

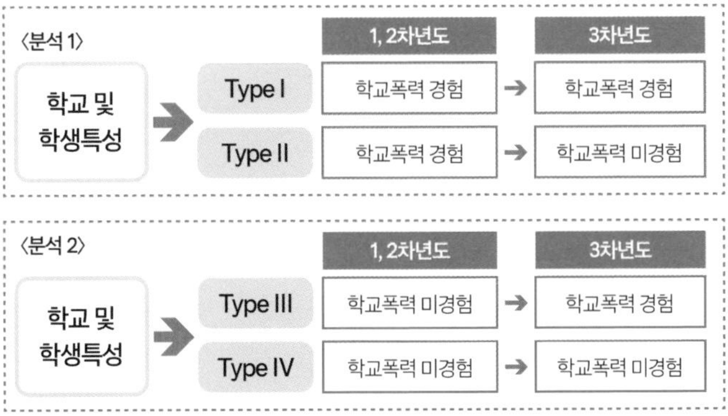

경험 변화에 대한 분석모형을 도식화한 것이다. 이처럼 분석모형을 산술식으로 제시하면서 도식화한 것을 함께 제시하기도 한다.

일반적으로는 회귀분석을 활용할 경우 해당 회귀식을 제시한다. 다음 산식은 위의 분석모형에서 분석 1과 분석 2에 해당하는 내용을 선형식으로 표현한 것이다. 종속변수가 분석 1과 분석 2에서 학교폭력 경험의 변화 여부이고 설명변수로는 성별, 성적, 경제수준, 자기자신에 대한 생각, 분노성향 등이 활용되었다.

$$y_i = \begin{cases} 1, \ y_i^* > 0\text{인 경우} \\ 0, \ y_i^* \leq 0\text{인 경우} \end{cases}$$
$$y_i^* = \beta_0 + \beta_i X_i + u_i$$

여기에서, y_i는 학교폭력 경험 변화 여부이고 X_i는 경험 변화에 영향을 미치는 요인이며 u_i는 오차항임.

다음은「학교폭력 경험 양상의 변동 실태 및 영향요인 분석」논문에서 **분석방법**을 기술한 부분을 일부 발췌한 것이다.

> 로지스틱 회귀분석에서 개별 설명변인의 유의한 효과는 승산비를 통해 검정된다. 즉, 설명변인(x_i)이 주어졌을 때, 종속변인이 1인 확률은 승산(odds)으로 표현할 수 있는데 이 연구에서의 승산은 '분석 1'에서는 1, 2차년도에 학교폭력을 경험하고 3차년도에도 지속적으로 경험할 확률(1-π(x_i))에 대한 학교폭력 미경험으로 전환할 확률(π(x_i))의 비율을 의미한다. '분석 2'에서는 1, 2차년도에 학교폭력을 경험하지 않은 학생이 3차년도에도 지속적으로 경험하지 않는 확률에 대한 경험으

로 전환할 확률의 비율을 의미한다. 로짓 변형을 통한 선형식은 다음과 같다(양명희, 2005).

$$\log\frac{\pi(x_i)}{1-\pi(x_i)}=\beta_0+\beta_1x_1+\beta_2x_2+\cdots+\beta_nx_n$$

이를 학교폭력 경험 양상에 대한 변화 확률($\pi(x_i)$)로 정의하면, 다음과 같은 함수로 표현된다.

$$\pi(\chi_i)=\frac{\exp(\beta_0+\beta_1x_1+\beta_2x_2+\cdots+\beta_nx_n)}{1+\exp(\beta_0+\beta_1x_1+\beta_2x_2+\cdots+\beta_nx_n)}$$

그리고 설명변수 x_i는 선행연구에서 학교폭력 경험 및 변화에 영향을 미치는 요인으로 분석된 성별, 성적, 가족과의 관계, 친구와의 관계, 선생님과의 관계 등을 포함한다.

연구모형에 대한 다른 예시로 다중집단분석을 활용하여 학교조직 활력풍토와 교사효능감을 매개로 교장의 변혁적 지도성이 교직만족도에 미치는 영향을 분석한 이동배(2015)의 연구모형을 살펴보자. 이 연구는 경기교육종단연구에 나타난 다양한 학교 내에 나타나는 학교조직풍토, 교장의 변혁적 지도성 등이 교사의 효능감을 높여 교사의 직무만족도를 제고한다면 경기도 내 많은 학교들에게 이러한 교사의 교직 만족도에 영향을 미치는 연구 변수를 규명하여 단위학교와 경기도 교육 당국에게 교사 직무만족에 대한 정책적 시사점을 제시하고자 하는데 연구의 목적이 있다.

이러한 연구의 목적을 달성하기 위한 연구문제는, '교장의 변혁적 지도성이 조직풍토와 교사 효능감을 매개로 교사의 직무만족에 미치는 영향은 어떠하며, 교사의 성별과 직위에 따른 연구변수에 있어서 집단 간 영향력의 차이는 나타나는가?'이다. 다음 [그림 Ⅱ-9]는 이상의 내용을 연구모형으로 제시한 것이다.

그림 Ⅱ-9 연구모형 예시

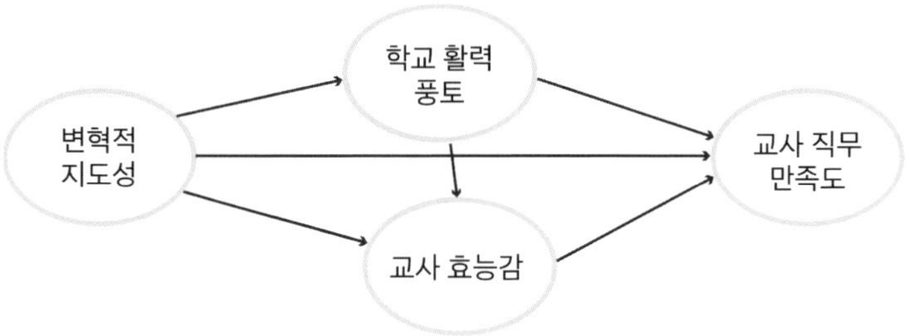

출처: 이동배(2015).

2) 분석결과 작성

분석결과는 각각의 연구문제에 대한 답을 제시하는 과정이다. 따라서 분석결과를 구성하는 절의 하위 절은 일반적으로 연구문제의 키워드를 활용하여 제목이 구성된다. 앞서 제시한 연구모형([그림 Ⅱ-8]) 중 분석 1에 대한 결과를 제시하기 위해서는 우선, 학교폭력 경험에서 미경험으로 변한 학생들은 지속적으로 학교폭력을 경험한 학생들과 어떠한 차이가 있는지를 제시하고 다음으로 이러한 차이를 설명하는 변수가 무엇인지에 대한 대답을 제시해야 한다. 먼저, 학교폭력 경험 이후 미경험으로 변화한 학생과 계속 경험한 학생들의 특성 차이에 대한 분석결과는 다음과 같이 기술할 수 있다. 이때, 결과표에서 통계적으로 유의한 결과뿐만 아니라 유의하지 않은 결과 역시 연구문제에 대한 중요한 정보이므로 분석 결과를 제시함에 있어 통계적으로 유의한 결과에 대해서만 보고하지 않도록 주의할 필요가 있다.

> 1, 2차년도에는 학교폭력을 경험한 적이 있으나 3차년도에는 경험하지 않은 학생들은 1, 2차년도에 이어 3차년도까지 계속 경험한 학생들에 비해, 자신에 대한 생각이 보다 긍정적이고, 분노성향이 낮았다. 반면, 성별, 성적, 경제수준에 따라서는 학교폭력 경험 변화의 여부에 있어 유의한 차이가 나타나지 않았다.

표 II-20 학교폭력 경험 이후 미경험으로 변화한 학생과 계속 경험한 학생 간의 특성 차이(일부)

(단위: 명)

구분		사례수	평균	표준오차	t값
성별	유지	93	.76	.044	.865
	변화	395	.72	.023	
성적	유지	93	3.45	.128	.252
	변화	395	3.42	.058	
경제수준	유지	93	3.00	.076	-1.613
	변화	395	3.13	.034	
자신에 대한 생각	유지	93	3.37	.081	-3.009**
	변화	395	3.65	.040	
분노성향	유지	93	2.56	.077	2.821**
	변화	395	2.34	.033	

*$p<.05$, **$p<.01$, ***$p<.001$

다음으로, 학교폭력 경험 이후 미경험으로 변화 여부를 설명하는 변수를 분석한 결과에 대한 기술과 결과표 제시는 다음과 같다.

학교폭력 경험 이후 미경험으로 변화 여부를 설명하는 변수를 분석하기 위해 로지스틱 회귀 분석을 한 결과, 학교나 선생님이 모르는 학교폭력 사례가 존재한다고 동의하는 정도가 높을수록 학교폭력 경험 이후 미경험으로 변화하기보다 지속적으로 경험할 확률이 높은 것으로 나타났다.

표 II-21 학교폭력 경험 이후 미경험으로 변화 여부 결정요인(전체)

구분	계수	표준오차	Wald	Exp(B)
성별	-.427	.302	1.995	.653
성적	-.106	.114	.869	.899
경제수준	.134	.190	.498	1.143
자신에 대한 생각	.180	.195	.852	1.197
분노성향	-.235	.198	1.409	.791
가족과의 관계	-.016	.175	.009	.984
친구수	-.048	.119	.162	.953
친구와의 관계	.381	.232	2.693	1.463
선생님과의 관계	-.194	.212	.833	.824
폭력노출	-.213	.174	1.501	.808
학교안전	.295	.168	3.095	1.343
학교폭력 사례	-.560***	.139	16.182	.571
학교와 선생님의 노력	.120	.159	.566	1.127
예방교육 만족도	-.150	.147	1.049	.861
학교추천	.066	.126	.274	1.068
Cox & Snell R^2/Nagelkerke R^2	.116/.186			
χ^2	60.121***(df=15)			

*$p<.05$, **$p<.01$, ***$p<.001$

3) 논의 및 결론

논의 및 결론은 활용한 연구방법의 특성과 무관하게 일반적인 절차를 따라 기술하게 된다. 여기에서 일반적인 절차는 첫째, 연구에 대해 요약하고 둘째, 연구결과를 선행연구결과와 연계하여 해석하며 연구의 이론적·실제적 의의, 즉 학술적 시사점과 정책적 시사점으로 논의를 발전시킨다. 끝으로 연구의 제한점이 있다면 기술하고 후속연구를 위한 제언을 작성한다. 이하에서는 「학교폭력 경험 양상의 변동 실태 및 영향요인 분석」 논문에서 작성한 논의 및 결론의 일부를 발췌하여 작성 사례를 제시하였다.

우선, 연구에 대해 요약을 할 때에는 연구주제와 연구문제, 연구방법 및 연구결과에 대해 간략히 기술한다.

> 「학교폭력 실태조사 종단연구」에서 중학교 3년간 설문조사에 모두 응답한 1,736명을 대상으로 학교폭력 경험 양상의 변화 실태와 변화 영향 요인을 분석한 주요 결과와 시사점은 다음과 같다. 첫째, 1차년도에서 3차년도까지 학교폭력 경험률이 연차적으로 낮아졌는데 그 원인은 학교폭력 경험학생이 지속적으로 경험하거나 경험하지 않는 상황으로의 변화정도는 연차적으로 차이가 없으나 학교폭력 미경험학생이 지속적으로 경험하지 않는 비율이 높아지고 이 학생들이 경험학생으로 변화하는 비율이 연차적으로 낮아진 데 기인한 것으로 분석된다.

다음으로 중요한 연구결과를 선행연구결과와 연계하여 유사한

점과 이 연구에서의 특징적인 점을 강조하여 기술한다.

특히, 친구와의 관계가 학교폭력 미경험이 지속적으로 미경험일 수 있도록 하는데 의미있게 영향을 주는 변수인 것으로 분석되었는데, 이론적으로 볼 때 이러한 연구결과는 2000년부터 2014년까지 출판된 학교폭력 원인 관련 연구물들을 메타분석을 통해 종합한 결과 학교폭력 요인 변수 중 가장 효과크기가 큰 변수가 또래지지인 것으로 분석된 이숙정 외(2015)의 연구결과와 연결된다. 또한 초등학생을 대상으로 학교폭력 집단유형의 변화에 미치는 변수를 조사한 결과 고립적 교우관계 수준이 높은 아동이 그렇지 않은 아동에 비해 학교폭력 무경험 집단에서 경험집단으로 이동할 확률이 유의하게 높은 것으로 분석된 조영일(2013)의 연구결과와도 일치한다.

연구의 학술적, 정책적 시사점은 학술적 시사점의 경우 연구방법이나 연구결과가 학술적으로 중요한 의미를 갖는 부분을 기술한다. 정책적 시사점은 연구결과가 정책 개선의 아이디어로 확장될 수 있는 부분에 대해 제안한다.

따라서 정책적 시사점으로 학교폭력 경험 양상의 긍정적인 변화를 위해서는 학생들이 학교에서 고립적인 관계로 인해 힘들어하지 않도록 하는 다양한 프로그램 및 상담 활동에 대한 고려가 필요하다. 이를 위해 실효성 있는 어울림 프로그램, 또래관계에서 공감 및 의사소통 능력 배양 프로그램, 또래관계

회복 프로그램 등의 개발 및 적용이 필요하다.

끝으로 연구의 제한점은 대개 연구방법과 관련이 있는데 연구자가 직접 설문을 조사한 경우 표집의 한계를 기술하는 경우가 많고, 데이터를 활용할 경우에는 연구자가 연구주제에 맞게 설문지를 직접 구성하지 않고 이미 구성된 설문 문항을 활용한데서 오는 한계를 기술하는 경우가 많다. 이처럼 연구에 대한 제한점을 기술할 경우, 후속연구에서는 제한점을 극복하기 위한 연구 설계를 포함하는 연구를 제안하게 된다. 혹은 연구결과를 바탕으로 발전적으로 탐구하고자 하는 연구주제를 제안하는 방식으로 제언을 작성하기도 한다.

학교에 학교 또는 선생님이 모르고 학생들만 알고 있는 학교폭력 사례가 많다고 생각하는 학생일수록 학교폭력을 지속적으로 경험할 확률이 높은 것으로 분석되었으므로 향후 학교 구성원들이 학교폭력 자체에 대해 공개하고 무관용하는 학교규범을 형성하도록 할 필요가 있다. 이와 같이 학교 구성원 간의 긍정적인 대인관계 풍토를 조성하고 학교폭력 무관용에 대한 학교규범을 형성하는 등의 노력은 결국 학교폭력예방문화를 형성하는 것으로 귀결된다(박효정 외, 2015). 따라서 정책당국에서는 학교폭력예방문화 지표 및 지수를 개발하여 일선 학교의 학교폭력예방문화 수준을 분석하여 이를 높이기 위한 컨설팅 제공 등의 실질적인 노력을 기울일 필요가 있다.

더 읽어보기

1) 양적연구계획 및 표집, 설문지 작성

- 성태제(2020). 교육연구방법의 이해(5판). 학지사.
- 이광현(2023). 교육통계연구방법론. 박영스토리.

2) 양적연구방법론 일반

- 김석우 외(2022). 한 권으로 끝내는 교육 & 사회과학 연구방법론. 학지사.
- 박도순 외(2020). 교육연구방법론(3판). 교육과학사.

3) 양적연구 통계분석법

- 성태제(2019). jamovi를 이용한 알기 쉬운 통계분석. 학지사.
- 유진은(2022). 한 학기에 끝내는 양적연구방법과 통계분석(2판). 학지사.
- 유진은(2024). R을 활용한 양적연구방법과 통계분석. 학지사.

4) 양적연구 글쓰기

- 김아영 외(2016). 혼자 쓰는 연구 논문-연구방법론. 학지사.
- 김혜숙 외(2021). 초보자를 위한 학위논문작성법(2판). 학지사.

참고문헌

강만기, 이창은, 최규탁(2005). 리커트 퍼지 척도에 대한 퍼지 가설검정. 한국지능시스템학회논문지, 15(5), 533-537.

김민조, 이호준(2022). 교원양성 교육내용, 수업 활동 준비도와 교수활동 간 관계 분석: 저경력 교사를 대상으로. 한국교원교육연구, 39(4), 145-173.

김석우, 박상욱(2015). 교육연구방법론. 학지사.

김석우, 구경호, 문영주, 유희정, 이승배, 장재혁(2022). 한 권으로 끝내는 교육 & 사회과학 연구방법론. 학지사.

김시은(2021). 밀레니얼 세대 여성 교사의 교직 만족 및 불만족 요인 탐색. 서울대학교 석사학위논문.

김아영, 차정은, 이채희, 주지은, 임은영(2016). 혼자 쓰는 연구 논문-연구방법론. 학지사.

김혜숙, 공윤정, 김명섭, 여태철, 정애경, 황매향(2021). 초보자를 위한 학위논문작성법(2판). 학지사.

박도순, 권재기, 김정민, 남현우, 양길석, 원효헌, 이원석, 조지민(2020). 교육연구방법론(3판). 교육과학사.

박상완, 윤미숙(2007). 학교장의 변혁적 지도성, 교사의 교직 수행 및 수업간의 관계 구조 분석. 교육행정학연구, 26(1), 93-117.

박정우(2022). 초등학교에서 학교자치가 학교효과성에 미치는 영향. 충남대학교 박사학위논문.

박현애, 배성우, 박종석(2014). 과학교육의 태도와 흥미 연구에서 리커트 척도 활용의 유의점. Journal of the Korean Association for Science, 34(4), 385-391.

설현수(2022). jamovi 통계프로그램의 이해와 활용(3판). 학지사.

성태제(2019). jamovi를 이용한 알기 쉬운 통계분석. 학지사.

성태제(2020). 교육연구방법의 이해(5판). 학지사.
양명희(2005). 기초학력 도달 관련 심리적 특성 분석을 위한 로지스틱 모형 적용 연구. 교육평가연구, 18(3), 97-116.
유진은(2022). 한 학기에 끝내는 양적연구방법과 통계분석(2판). 학지사.
유진은(2024). R을 활용한 양적연구방법과 통계분석. 학지사.
윤정일, 송기창, 김병주, 남수경(2021). 교육행정학 원론(제7판). 학지사.
이광현(2010). 학교장의 변혁적 지도성이 사교육비에 미치는 영향. 교육재정경제연구, 19(1), 153-182.
이광현(2023). 교육통계연구방법론. 박영스토리.
이동배(2015). 다중집단분석을 활용한 학교조직 활력풍토와 교사효능감을 매개로 교장의 변혁적 지도성이 교직만족도에 미치는 영향. 한국교원교육연구, 32(1), 279-308.
이보영, 송해덕, 김연경(2022). 교사의 디지털 리터러시, 학교장의 변혁적 지도성이 교사 몰입을 매개로 ICT 수업 혁신행동에 미치는 영향. 교원교육, 38(6), 265-291.
이희숙, 정제영, 장수연, 장선희, 김재령(2017). 초등학생의 다문화 수용도에 영향을 미치는 요인 분석. 한국청소년연구, 28(2), 225-248.
이희숙(2019). 초·중등 사교육 실태와 관련 요인 분석 연구-한국, 중국, 일본, 싱가포르를 중심으로-. 청소년학연구, 26(5), 469-488.
이희숙, 이정미(2021). 대학 학제 구분에 따른 등록금 지원 효과 분석. 교육재정경제연구, 31(3), 23-49.
이희숙, 한재범(2022). 다전공 선택 요인 및 다전공자 대학생활 실태 분석. 교육학연구, 60(1), 295-319.
정승철, 천영민(2016). 전문계고 학생의 학교생활만족도가 취업 후 현재 일자리 만족도에 미치는 영향에서 진로성숙도의 매개효과 검증. Journal of the Korean Data Analysis Society, 18(1), 269-279.
최인봉, 시기자, 박상복, 김준엽(2021). 교육 빅데이터 구축 및 활용 방안 -국가수준 학업성취도 평가 자료를 중심으로-. 한국교육과정평가원.

최종후, 전새봄(2013). 설문조사: 처음에서 끝까지(제3판). 자유아카데미.

한국교육평가학회(2004). 교육평가용어사전.

한국청소년정책연구원(2023). 다문화청소년패널조사 2기 데이터 1-3차 년도 청소년용 조사표.

한유경, 이희숙, 이윤희, 김성식(2016). 학교폭력 경험 양상의 변동 실태 및 영향요인 분석. 아시아교육연구, 17(1), 145-168.

황성동(2023). 누구나 할 수 있는 jamovi 통계분석(2판). 학지사.

American Psychological Association(2019). *Publication Manual of the American Psychological Association* (7th edition).

Avolio, B. J., & Bass, B. M. (1988). Transformational Leadership, Charisma, and Beyond. In J. G. Hunt, B. R. Baliga, H. P. Dachler, & C. A. Schriesheim(Eds.), *Emerging Leadership Vistas* (pp. 29-49). Lexington Books.

Borg, W. R., & Gall, M. D. (1989). *Educational Research: An Introduction* (5th edition). Longman.

Backstrom, C. H., & Hursh, G. D. (1963). *Survey Research*. North-western University Press.

Chou, C. M., Shen, C. H., Hsiao, H. C., & Shen, T. C. (2019). Factors Influencing Teachers' Innovative Teaching Behaviour with Information and Communication Technology (ICT): The Mediator Role of Organizational Innovation Climate. *Educational Psychology, 39*(1), 65-85.

Crowl, T. K. (1993). *Fundamentals of Educational Research*. Brown & Benchmark.

Gall, M. D., Borg, W. R., & Gall, J. P. (1996). *Educational Research: An Introduction* (6th edition). Longman Publishing.

Hair, J. F., Celsi, M., Money, A., Samouel, P., & Page, M. (2016). *The Essentials of Business Research Methods*(3rd edition). Routledge.

Hoy, W., & Miskel, C. (2013). *Educational Administration: Theory, Research, and Practice*. McGraw-Hill.

Klassen, R. M., Yerdelen, S., & Durksen, T. L. (2013). Measuring Teacher Engagement: Development of the Engaged Teachers Scale (ETS). *Frontline Learning Research, 1*(2), 33-52.

Quaicoe, J. S., & Pata, K. (2020). Teachers' Digital Literacy and Digital Activity as Digital Divide Components among Basic Schools in Ghana. *Education and Information Technologies, 25*(5), 4077-4095.

III

질적연구논문 작성하기

III

질적연구논문 작성하기

김선영

최근 교육 분야에서 질적연구에 관한 관심이 높아지고 있다. 질적연구를 선택하는 연구자는 특정 주제나 현상을 심층적으로 탐구하고 인간 삶의 본질을 밝히기 위해 다양한 자료를 수집하며 의미 있는 결과를 얻기 위해 노력할 것이다. 어떤 연구방법을 선택하든, 연구자는 자신이 선택한 연구방법론을 철저히 이해해야 한다. 질적연구에서 가장 효과적인 도구는 바로 연구자 자신이다. 따라서 질적연구를 수행하기 위해서는 충분한 학습을 통해 연구역량을 갖추어야 한다. 일반적인 학습 과정은 강의를 통한 교육과 논문 작성을 통한 경험으로 진행된다. 또한 질적연구와 관련된 국내외 전문 서적을 선별적으로 읽는 것도 큰 도움이 될 수 있다. 간혹, 질적연구는 방법론적 측면에서 진입장벽이 낮다고 생각하는 사람들이 있지만, 교육과 경험 없이는 질적연구 수행이 거의 불가능하다. 누구나 자전거를 쉽게 탈 수 있을 것 같지만 자전거를 배우는 과정 없이는 자전거를 탈 수 없는 것과 같은 의미이다. 질적연구를 효과적으로 수행하기 위해서는 충분히 학습하고 직접 연구를 수행해보아야 한다. 이 장은 질적연구의 연구수행 절차 및 연구결과 작성을 쉽고 자세하게 안내하고 있다.

❶ 질적연구는 무엇인가?

질적연구는 인간의 경험을 탐구하는 활동이다. 참여자의 관점에서 문제를 파악하고, 행동과 사건의 의미를 해석하며, 이들의 경험이 이들의 삶의 맥락, 사회적, 문화적, 또는 물리적 맥락에 의해 어떻게 형성되는지 파악할 수 있게 해준다(Hennink, Hutter, & Bailey, 2020).

질적연구는 실증주의와는 거리가 멀다. 실증주의자는 절대불변의 실재(reality)가 존재하고, 세계는 질서 정연하며, 그러한 질서는 발견 가능하므로, 연구자와 연구대상은 서로 독립적이고 연구자는 자신의 연구에 영향을 미치거나 영향을 받지 않는다고 믿는다(Hatch, 2002, 2008). 반면, 질적연구는 **구성주의**와 관계가 깊다. 즉, 구성주의자들은 보편적인 실재가 아닌 다양하고 고유한 실재가 존재하며, 그러한 실재는 객관적이지 않으므로 연구자는 참여자와 상호연대를 통해서 주관적 실재를 구성해 나간다고 믿는다(Hatch, 2002, 2008).

질적연구를 수행하기 위해 자주 활용되는 접근방법은 근거이론, 내러티브, 현상학, 문화기술지 등이 있다. **근거이론**(grounded theory)은 이론을 도출하기 위해 개발된 접근법으로, 특정 영역에 대한 사전 지식이 부족할 때, 특정 환경에서 상호작용의 세계를 관찰/탐구할 때, 그리고 이전 지식을 기반으로 새로운 이론적 설명이 필요할 때 활용된다(Grbich, 2013). **내러티브**(narrative)는 일상생활의 이야기로, 상상에서 발생하는 이야기, 일상생활의 일종의 단편 소설, 대중의 관심을 끄는 이벤트에 관한 뉴스 보도, 역사, 소문 등과 같은 일상과 관련된 언어적, 서술적 기록이다. 사람들의 경험은 구조화되지 않은 인터뷰를 통해 이야기로 전해지며 내러티브의 최종 결과물은 참가자들의 이야기이다(Daiute, 2014; Mayan, 2009). **현상학**(phenomenology)은 경험의 숨겨진 의미와 본질을 이해하려는 접근법으로, 현상에 있어서 경험의 본질을 심층적으로 탐구, 기술, 전달하고 해석할 때, 심층적인 데이터가 적은 현상에 대한 주제를 탐색할 때 활용되며, 시간을 두고 감정과 경험의 변화를 심층적으로 기록할 수 있다(Grbich, 2013). **문화기술지**(ethnography)는 문화 공유 집단이 갖고 있는 가치, 행동, 신념, 또는 언어 등을 공유하며 패턴을 기술하고 해석하는 접근법으로, 집단에 대한 장기적인 참여관찰을 통해 문화 공유 집단의 행동, 언어, 상호작용의 의미를 탐구한다(Creswell & Poth, 2018, 2021).

질적연구 수행을 위한 절차는 연구 준비, 자료수집과 분석, 그리고 결과 작성 단계로 나눌 수 있다. 준비단계는 주제를 선정하고 관련 문헌을 분석한 후 연구목적 및 질문을 개발하는 과정이다. 질적연구에서는 연구 시작 전에 공식적인 가설을 설정하지 않지만, 질적 연구자들은 개념적 틀과 질문을 준비한 후 현장에 들어간다. 그러나 이 개념적 틀은 현장에서 더 중요한 질문들이 발견되면 조정, 수정, 정제될 수 있다(Rossman & Rallis, 2017). 수집과 분석 단계는 자료를 수집하고 분석하는 과정이며, 도출된 결과물에 대한 신뢰성 검토가 이루어진다. 질적연구는 일반적으로 작은 표본이 사용된다. 자료수집 방법으로는 심층 면담, 포커스그룹, 관찰, 아카이브 등이 있으며, 모든 형태의 자료는 텍스트로 변환된 후 연구자에 의해서 분석된다. 질적연구는 본질적으로 해석적이다. 양적연구가 통제와 예측을 중시하는 반면, 질적연구는 기술, 분석 및 해석에 중점을 두고 있다(Rossman & Rallis, 2017). 그리고 결과작성단계에서 도출된 결과를 바탕으로 최종 보고서가 완성된다.

2 질적연구 수행하기

가. 연구 질문

연구 질문(research question)은 연구문제(research problem)를 포착하고 연구를 통해 답을 얻을 수 있는 중요한 질문을 말한다(Hennink et al., 2020, p.330). 따라서 연구 질문은 연구의 방향을 결정하는 첫단추와도 같다. 잘 정의된 연구 질문은 연구자에게 명확한 방향을 제시한다. 연구 초기에 연구의 초점을 잡아주고, 자료수집과 분석 단계에서 안내 역할을 하며, 연구가 마무리될 때 연구결과가 연구 질문을 충분히 답하고 있는지 점검하는 데 도움을 준다. 초기에는 연구 질문을 일반적으로 시작하더라도 자료수집과정에서 질문을 조정하거나 더 정교하게 다듬을 수 있다(Hennink et al., 2020). 연구 질문은 자료수집을 통해 답을 찾는다. 따라서 연구 질문과 자료수집에서 사용되는 **면담 질문**(interview question)은 연결되어 있다. 그러나 연구 질문은 면담 질문과는 다르다. 연구 질문은 추상적이고 개념적이며 연구의 방향을 제시하는 역할을 하지만, 면담 질문은 연구 질문을 수행하기 위한 목적으로 면담 가이드에서 복수의 질문을 구체적으로 제시한다(Hennink et al., 2020). 연구 질문은 일반적으로 2~3개 정도의 핵심 문항으로 구성되지만, 면담 질문은 일반적으로 10개 내외로 이루어져 있으며, 특히 각 질문은 면담 대상자가 대답할 수 있도록 상호작용을 촉진하는 대화식으로 구성되어 있다(구체적인 예시는 본문의 면담 가이드 참고).

표 III-1 연구 질문 예시

연구	연구 질문
자기 연구를 통한 유치원 대체 교사 경험의 질적 탐구(김효진, 2018)	1. 사립유치원 대체 교사가 경험하는 대체 교사로서의 역할에 대한 인식 및 이해는 어떠한가? 2. 사립유치원 대체 교사 경험에서 직면하는 갈등 및 어려움의 양상은 어떠한가? 3. 경험에 대한 반성적 성찰에 따른 대체 교사 직무수행을 위한 지원 방향에 대한 제안 내용은 무엇인가?
청소년의 자해 경험에 대한 질적 사례 연구(장은혜, 2021)	1. 참여자의 자해 동기는 무엇인가? 2. 참여자의 자해 행동 실행과정에서의 경험은 어떠한가?
How two english language arts teachers' beliefs and practices impact their students' academic and emotional success(Succar, 2023)	1. In what ways do two teachers' beliefs and professional knowledge influence their teaching philosophies? 2. How do these teachers' identities influence student outcomes?

연구	연구 질문
Student confidence, success, and retention(Kim, 2022)	1. How do Korean male college students describe their military service experience? 2. How do Korean male college students perceive their military service experiences in relation to their academic and social lives?

연구 질문은 'why'가 아닌 'what' 또는 'how'로 질문해야 한다. 〈표 Ⅲ-1〉은 연구 질문의 예시다.

나. 자료수집

1) 표집 방법

질적연구가 신중한 과정을 통해 자료가 선택되고 연구가 수행된다면 연구의 신뢰도는 한층 높아진다. 자료수집의 첫 시작은 '어떻게 표본을 수집할 것인가?'이다. 연구를 수행한다는 측면에서 양적연구 및 질적연구 모두 표본수집에 대한 전략은 필요하다. 양적연구의 경우, 연구자는 확률(단순무선표집, 층화표집, 체계적표집 등) 또는 비확률(우연표집 등) 표본 추출 방식 중 하나를 선택한다. 확률적 표본 추출에서 연구자는 전체를 대표하는 개체를 선택하게 되는데, 이는 표본이 전체를 대표할 수 있을 때 일반화를 할 수 있다(Creswell, 2015). 질적연구는 일반화를 목적으로 하지 않기 때문에 양적연구처럼 표본의 대표성을 고려하여 표본을 수집하지 않는다. 그러나 질적연구도 상황과 목적에 따라 표집을 계획하고 전략을 세워야 한다. 다음은 질적연구에서 사용되는 대표적인 표집 방법이다.

(1) 목적 표집

목적 표집(purposive sampling)은 연구주제를 탐색하기 위해 특별한 기준 또는 목적에 기반하여 표집 단위를 선택하는 방법이다(Ritchie, Lewis, Elam, Tennant, & Rahim, 2014). 목적 표집은 이론적 표집과 유사하지만, 연구목적에 따라 선택을 할 수 있다. 즉, 이론적 표집은 익숙하지 않은 영역에서의 탐색적 연구에 적합하며, 목적 표집은 더욱 구체적인 목표를 가진 연구에 유용하다고 볼 수 있다(Ritchie et al., 2014).

(2) 눈덩이 표집

눈덩이 표집(snowball sampling)은 참여자를 통해 새로운 참여자를 소개받는 표집 방법이다. 이는 연구 참여자가 희소하여 접촉이 어렵거나 연구주제가 민감하다고 판단될 때 활용할 수 있는 유용한 접근방식이다(Ritch et al., 2014). 또는 연구자가 참여자를 찾지 못할 때도 활용된다. 예를 들어, 편의 표집을 활용하여 고등학교를 자퇴한 학생운동선수와 면담을 진행한 후, 연구자는 참여자에게 연구에 적합한 주변 사람(고등학교를 자퇴한 학생운동선수)을 소개받을 수 있다. 그러나 눈덩이 표집으로 얻어진 새로운 참여자는 기존 참여자를 통해 생성되기 때문에 자칫 다양성이 감소할 수 있다(Ritchie et al., 2014).

(3) 이론적 표집

이론적 표집(theoretical sampling)은 주로 근거이론에서 이론을 발전시키기 위한 목적으로 사용되는 표집 방법이다. 이 방법은 초기 계획 단계에서 결정되는 것이 아니라 초기 표본 조사를 통해 범주가 형성된 후 계획된다. 다시 말해, 이론적 표집은 초기 데이터로부터 잠정적인 아이디어를 형성한 다음 추가적인 경험적 조사를 통해 해당 아이디어를 검토하는 것이다(Chamaz, 2006, 2013). 그러므로 이론적 표집은 원래의 표본 크기를 증가시키는 것이 목적이 아니라, 아이디어를 정제하고 새로운 범주를 개발하여 의미를 더 명확하고 가치 있게 만드는 데 중점을 둔다(Chamaz, 2000). 예를 들어, 1차 면담에서 연구자가 군 복학생의 '적극적 수동형 태도'를 확인한 후, 그 결과를 바탕으로 2차 면담을 진행하여 적극적 수동형의 주요 특징을 구체화한 다음 해당 범주를 최종 정의할 수 있다. 이 과정을 통해 연구자는 범주 간의 다양성을 발견하고 이론화하는 과정에서 부족한 부분(범주의 특징 등)을 명확히 할 수 있게 된다.

(4) 편의 표집

편의 표집(convenience sampling)은 접근 가능성에 초점을 둔 표집 방법이다. 필요에 따라 편의 표집으로 자료수집을 시작할 수도 있으나 질적연구에서 편의 표집의 지나친 사용은 자료수집에 있어서 한쪽으로 치우칠 우려가 있으므로 신중할 필요가 있다.

2) 자료 유형

(1) 면담

면담(interview)은 질적연구에서 가장 많이 활용되고 있는 자료수집 방법이다. 면담은 1:1로 이루어지는 **개별 면담**(심층 면담)과 다수의 참여자를 대상으로 이루어지는 **집단 면담**(group interview) 등이 있다. 또한 면담을 공식적 면담과 비공식적 면담으로 구분하기도 한다. **공식적 면담**은 계획에 따라 정해진 시간 동안 진행하는 면담이고, **비공식적 면담**은 연구자가 참여자에게 관찰 중에 추가적인 질문을 하며 그들의 견해를 듣는 방법으로, 주로 관찰 연구에서 활용된다(Hatch, 2002, 2008). 특히 비공식적 면담은 부차적인 과정이기 때문에 공식면담처럼 녹음을 통해 기록을 남기지는 않지만, 비공식적 면담도 자료수집 과정의 일부이므로 면담을 통해 얻은 정보가 기록될 수 있음을 참여자에게 사전에 공지해주어야 한다(Hatch, 2002, 2008). 따라서 자료수집 목적으로 수행되는 모든 면담은 자료로 활용될 수 있고, 녹음될 수 있으며, 어떠한 경우든 참여자가 원하면 면담을 중지하거나 면담 내용을 일부/전체 삭제할 수 있음을 반드시 안내해야 한다.

① 면담 준비

면담 주제

면담 주제는 연구 질문을 고려하여 설정되지만, 주제의 특성상 개별 면담과 집단 면담을 구분하여 선택해야 할 때가 있다. 특히,

민감한 정보의 기밀성을 고려해야 하는 주제는 개별 면담이 집단 면담보다 더 적절하다. 일부 면담 주제의 경우 세심한 배려가 요구되기도 하는데, 전통적으로 참여자들은 민감한 주제(예: 재정문제, 건강 상태, 성적 행동, 약물 사용 등)에 대해 논의하기를 불편해한다(Adler & Adler, 2003). 아무리 좋은 주제도 참여자가 특정 주제에 관해 대화를 꺼린다면 연구를 수행할 수 없다. 만약 참여자를 모집하지 못하면 어떻게 해야 할까? 이는 초보 연구자가 자주 하는 질문이다. 참여자 모집이 어려운 이유는 참여자가 희소하거나, 참여자 접촉이 어렵거나, 또는 민감한 주제에 대해 참여자가 참여를 거부하기 때문이다. 예를 들어, 박사학위논문을 위해 최근 청소년 마약범죄에 관한 연구를 수행한다고 하자. 그렇다면 연구자는 '청소년 마약 경험을 한 학생들이 얼마나 존재하는가?, 이들을 면담하고자 한다면 어떤 방법으로 모집할 것인가?, 충분한 참여자를 모집할 수 있는가?'와 같은 질문을 먼저 스스로 던져 보아야 한다.

만약 이러한 질문에 충분히 대답할 수 있다면, 연구자는 다양한 방법을 통해 참여자를 모집할 수 있다. 예를 들어, 연구자는 민감한 주제와 관련하여 참여자를 직접 모집하지 않고, 기관(예: 청소년 보호센터, 다문화센터 등)의 지원을 받을 수 있다. 모든 기관에는 **게이트키퍼**(gatekeeper, 집단에 접근할 수 있도록 승인해주는 관리자)가 존재한다. 연구자는 이들에게 수행 연구에 대한 충분한 설명을 제공해야 하는데, 승인된 기관생명윤리위원회(IRB) 문서는 게이트키퍼를 설득하기 위한 유용한 자료가 될 수 있다.

또는 다양한 표집 방법(예: 임의 표집, 눈덩이 표집 등)을 활용하여 모집 기회를 높일 수 있으며, 참여자에게 인센티브를 제공하는 방법도 있다. 인센티브(상품권, 기념품, 현금 등) 지급은 선택사항이며, 최소금액(감사 표시 정도)이 적절하고 경우에 따라서는 제공하지 않아도 무방하다. 인센티브가 지나칠 경우, 참여자는 면담에 부담감을 느낄 수 있으며(이유: 질문에 대한 대답을 잘해야 한다는 의무감 때문), 또는 면담이 자칫 소홀해질 수도 있다(이유: 면담 참여보다는 인센티브가 매력적이어서). 적절한 인센티브는 연구수행에 도움이 될 수 있지만, 참여자 모집을 위한 필수요소는 아니므로 연구 상황에 맞게 활용하는 것이 좋다.

참여자 수

과연 몇 명이 면담에 참여하게 될 때 연구는 충분한 것일까? 질적연구 수행을 위해서 정해놓은 **참여자 수**는 없다고 볼 수 있는데, 공통적인 특징이 있다면 대체로 표본 수가 적다. 이는 표본 크기를 증가시켜 통계적 신뢰성을 확보하려는 양적연구와는 달리, 질적연구는 해당 주제나 현상을 탐색하는 데 중점을 두기 때문에, 모집단이 비교적 동질적이라고 판단된다면 적은 표본은 문제가 되지 않는다(Ritchie et al., 2014). 따라서 연구자는 '참여자 수를 늘리는 것보다, 한 참여자의 삶을 깊이 있게 접근해야 한다.'라는 생각을 지녀야 하며, 여러 번의 심층 면담 외에도 다양한 자료를 수집하여 연구의 신뢰성을 보장하는 노력이 필요하다. 그러나 '심층 면담에서 몇 명이 충분한가?'에 대한 답을 '적은 수'라고

만 하기에는 여전히 모호하다. 왜냐하면 연구주제, 연구 과정, 또는 연구자의 특성에 따라 다를 수 있기 때문이다(Seidman, 2006, 2009). 너무 적은 표본은 중요한 구성요소를 놓치기 쉽고 충분한 다양성을 확보하는 데 어려움을 겪을 수 있다(Ritchie et al., 2014).

문제를 해결하는 한 가지 방법은 자료수집의 중지 시점을 포화상태로 잡는 것이다. 특히 잠재적 면담 참여자가 충분할 때 이를 활용할 수 있다. **포화상태**(saturation)란 새로운 정보가 더는 나오지 않는 시점을 가리키며, 연구자가 면담을 진행하면서 특정 주제에 대해 계속해서 비슷한 내용이 반복되는 순간에 면담을 중지하는 것을 의미한다(Charmaz, 2006, 2013). 따라서 연구자가 연구 계획을 수립할 때는 참여자 수를 조금 여유 있게 설정하는 것이 좋다. 연구자는 면담 과정 중에 유사한 내용이 반복되는 시점을 파악하게 되면, 해당 주제와 관련하여 추가적인 정보를 얻을 수 없다는 판단을 내린 후 면담을 종료한다. 따라서 초기 계획 단계에서 20명 정도의 면담을 예상했더라도, 포화상태에 도달하면 10명의 면담 이후에도 종료할 수 있다. 그러나 잠재적 면담 참여자가 충분하지 못할 때는 참여자 수를 통해 포화를 기다리기는 쉽지 않다. 이 경우에는 면담자 수를 늘리기보다는 면담 횟수를 늘리는 방향으로 자료수집을 하는 것이 좋다. 결론적으로 말하면, 질적연구에서 참여자 수는 적지만 충분해야 한다. 따라서 면담의 중지 시점을 포화에 두는 것도 유용하다. 면담 참여자를 충분히 확보하지 못할 때, 연구자는 다양한 자료수집 방법을 활용하여 충분한 자료를 확보하는 노력을 기울일 필요가 있다.

면담 시간

면담 시간은 상황에 따라 다르지만 개별 면담에서는 90분 내외가 적절하다(Seidman, 2006, 2009). 물론 특별한 상황에서는 더 길어질 수 있다. 그러나 한 장소에서 2시간 이상 경직된 자세로 면담을 진행하는 것은 자칫 스트레스를 유발할 수 있으므로, 면담 시간을 적절히 조절하는 것은 중요하다. 일반적으로 연구자는 60분~90분 정도 개별 면담을 진행한다. 전문 직종의 성인을 대상으로 면담을 진행할 때는 90분~120분 정도의 시간이 소요될 수 있다. 만약 집단 면담이면 참여자 수와 주제에 따라 더 오랜 시간이 요구된다.

면담 장소

면담 장소는 참여자가 편안함을 느낄 수 있는 공간이어야 한다. 지나치게 사적 공간(예: 참여자의 집)보다는 공공장소이지만 사적 공간의 장점이 있는 장소가 면담하기에 적합하다. 참여자가 선호하는 장소를 파악하기 위한 좋은 방법은 참여자에게 장소를 먼저 묻는 것이다. 이러한 장소로는 도서관, 스터디카페, 연구실, 카페 회의실 등이 적합할 수 있다. 만약 학생 대상의 면담이라면 캠퍼스를 벗어나지 않는 것이 좋다. 하고자 하는 면담이 민감한 주제라면 '장소'는 중요한 요건이 된다(Adler & Adler, 2003). 카페는 면담자와 참여자가 선호하는 장소 중 하나일 수 있지만, 민감한 주제를 다루는 대화에서는 제한이 있을 수 있다. 반면 조용한 공원은 때에 따라서는 훌륭한 면담 장소가 될 수도 있다. 따라서 면담자는 참여자가 선호하는 장소를 고려하되, 면담이 원활하게 이루어질 수 있는 장소를 선택해야 한다.

② 면담 수행

면담 가이드

면담 가이드(interview guide)는 연구자가 면담을 진행하기 위한 연구 질문지이다. 연구 질문지는 라포(rapport) 형성을 위한 기초 질문, 연구와 관련된 전환 질문/핵심 질문, 그리고 면담 종료를 위한 마무리 질문으로 구성할 수 있다. 질문은 참여자가 자기 생각과 경험을 충분히 설명할 수 있도록 개방적이어야 한다(Hatch, 2002, 2008). 따라서 연구자는 '~을 설명해주시겠습니까?', '~무엇이라고 생각하십니까?', '경험에 관해서 사례를 말씀해주시겠습니까?' 등과 같이 참여자에게 설명을 요구할 수 있어야 풍부한 자료를 얻을 수 있다. 또한 질문은 쉽고 간결해야 하고 참여자에게 익숙한 언어를 사용해야 하며 중립적이어야 한다(Hatch, 2002, 2008). 연구자가 질문 자체를 장황하게 말하거나 지나치게 전문용어를 사용하면 참여자는 잘못 해석할 가능성이 크다. 따라서 질문지 개발과정에서 유의해야 한다. 〈표 Ⅲ-2〉는 '대학원생들의 삶과 행복'이라는 주제에 관한 인터뷰 질문 예시이다.

표 III-2 면담 가이드

면담 가이드 예시	순서/방법
지금부터 대학원 삶과 행복/안녕(well-being)에 관해 이야기를 나누고자 합니다. 귀하께서는 행복/안녕(well-being)을 어떻게 생각하시는지, 그 행복/안녕(well-being)이 학업과 개인의 삶에 어떠한 영향을 미쳤는지 알고 싶습니다. 준비되셨다면 시작하겠습니다.	면담 목적 및 내용 설명
저는 이 주제와 관련하여 10개 정도의 질문을 하고자 합니다.	면담 시작을 알리는 전환 멘트
1. 먼저 간단한 자기소개 부탁합니다.	신뢰감 형성을 위한 기초질문
2. 행복/안녕(well-being)을 어떻게 정의하고 계십니까?	연구주제와 관련한 전환 질문
3. 대학원생으로서 귀하의 행복/안녕(well-being)에 영향을 미쳤던 것들은 무엇이 있었는지 말씀해주시겠습니까?	연구와 관련된 핵심 질문: Why보다는 How, What으로 질문 ➜ 참여자의 생각과 경험을 풍부하게 설명/묘사할 수 있도록 질문
4. 행복/안녕(well-being)이 귀하의 일상적인 삶(활동)에 어떤 영향을 미쳤는지 말씀해주시겠습니까?	
5. 대학원 과정(박사과정) 진입 전의 귀하의 행복/안녕(well-being)은 어떠했는지 말씀해주시겠습니까?	
6. 현재 귀하의 행복/안녕(well-being)은 어떠한지 말씀해주시겠습니까?	
7. 귀하의 행복/안녕(well-being)이 대학원 과정에 어느 정도의 영향을 받았다고 생각하십니까?	
8. 귀하는 행복/안녕(well-being)을 유지하기 위해 무엇을 하고 계십니까?	

면담 가이드 예시	순서/방법
9. 귀하의 행복/안녕(well-being)이 도전 또는 위협을 받을 때 어떻게 대처하십니까?	
10. 이제 면담이 거의 끝났습니다. 제가 묻지 않은 내용 중 더 하고 싶은 말이나 질문 또는 의견이 있으면 말씀해주십시오.	참여자에게 추가 질문
면담이 끝났습니다. 긴 시간 동안 면담에 참여해주셔서 감사드립니다.	감사 인사

출처: 「대학원 삶과 행복」 면담 가이드: 저자의 대학원 수업에서 개발된 문항을 재구성.

면담 가이드는 주로 연구자용 면담질문지로 사용되지만, 때로는 일부 참여자가 질문 내용을 미리 확인하기 위해서 이를 요청하는 경우가 있다. 참여자는 면담과 관련된 자신의 경험을 파악하기 위한 수단으로 활용하는 것인데, 때로는 질문에 대한 답을 준비하는 데 사용되기도 한다. 일부 연구자는 참여자 모집문건에 질문을 기술하기도 하지만, 보통은 연구자가 연구 과정을 설명할 때 안내한다.

연구자가 면담질문지를 준비하고 현장에 들어갔다 하더라도 질문지 순서대로 질문하는 것은 아니다. 어떤 경우에는 한 개 질문만으로 처음 계획했던 2, 3, 4번에 대한 답을 얻을 수도 있다. 면담 가이드는 연구자에게 좋은 길잡이 역할을 할 것이다. 그러나 초보 연구자는 자신이 계획한 질문에 지나치게 몰입한 나머지 1번을 질문하고 참여자의 목소리에 귀 기울이지 못한 채 2번 질문에 온 정신을 빼앗기는 실수를 범하기도 한다. 따라서 연구자는 현장에서 무엇을 수집할 것인지, 어떻게 수집할 것인지를 면담질문지에 담아야 하며, 면담 내용을 숙지한 후 현장에 들어가야 한다. 그리고 현장에서 면담을 진행할 때는 유연함을 잊지 말아야 한다.

대화의 기술

면담은 질적연구에서 자주 활용되지만, 절대 쉽지 않다. 연구자는 처음 만나는 참여자와 한정된 시간 안에 자료를 최대한 수집해야 한다. 따라서 본격적인 면담이 진행되기 전 친밀감 형성은 매우 중요하다. 연구자는 시작 전에 가벼운 대화와 함께 연구계획서를 공동으로 검토하는 시간을 충분히 가짐으로써 친밀감을 형성할 수 있다. 연구에 대한 궁금증이 없어지면, 참여자는 질문에 대한 부담감을 줄일 수 있어서 열린 마음으로 연구에 참여하게 된다. 또한 면담 시작 시, 연구의 핵심 질문에 즉시 진입하는 대신, 성장 배경, 자기소개와 같은 가벼운 질문으로 시작하여 참여자와 친밀감을 형성한 후, 점차 핵심 질문으로 접근하는 것이 도움이 될 수 있다.

면담 과정에서 가장 중요한 기술은 **적극적 경청**이다. 연구자는 참여자에게 '열심히 듣고', '적극적으로 반응하는' 모습을 보여주어야 한다. 참여자가 대답할 수 있는 충분한 시간을 주어야 하며 대답을 재촉하지 말아야 한다. 특히 초보 연구자는 대화가 원활하지 않을 때 긴장하게 되며, 이로 인해 무의식적으로 참여자보다 더 많은 말을 하게 된다. 따라서 편안한 마음으로 참여자를 기다려 줄 필요가 있다. 면담 과정에서 연구자가 경험하는 상황 중 하나는 참여자가 도움을 요청하는 경우이다. 면담에서 연구자와 참여자는 치료적인 관계가 되는 것을 피해야 한다(Seidman, 2006, 2009). 일부 참여자는 자신의 경험을 나눌 때 눈물을 보이거나 문제 해결을 요청할 수 있다. 그러나 연구자는 상담자가 아니며 상담을 제공하고 있는 것이 아니므로 아무것도 하지 않는 것이 바람직하다(Seidman, 2006, 2009).

면담 녹음

면담에서 **녹음**은 매우 중요한 작업이다. 연구자는 참여자에게 승인을 받은 후에 녹음을 진행해야 한다. 녹음을 비밀리에 하거나 참여자가 녹음을 원치 않는데 강제하는 것은 모두 연구윤리에 위반된다. 따라서 연구자는 참여자에게 녹음의 목적, 방법, 그리고 보관 등의 절차를 충분히 설명한 후에 참여자의 동의를 얻어 면담 녹음을 진행해야 한다. 참여자가 녹음을 거부하는 것 외에도 연구자의 부주의로 녹음에 실패하는 경우가 있다. 첫 번째는 녹음 장비의 문제이다. 이로 인해 연구자는 면담 종료 후 녹음이 제대로 이루어지지 않았음을 깨닫는 경우가 흔하다. 따라서 녹음 장비를 사전에 테스트하고 면담이 시작되기 전에 녹음 장비가 정상 작동하는지 다시 한번 확인하는 습관을 기르는 것이 좋다. 두 대의 녹음 장비를 사용하는 것도 유용하다. 최근 들어, 품질이 우수한 앱을 스마트폰에 다운로드하여 직접 녹음을 진행하기도 한다. 두 번째로, 녹음을 잊어버린 경우이다. 공식적인 면담 중에 녹음 버튼을 누르지 않고 진행한 경우, 처음부터 다시 녹음하기가 쉽지 않다. 따라서 연구자는 면담을 시작하기 전에 '참여자로부터 동의를 받았는지'와 '면담 시작과 동시에 녹음을 시작했는지'를 꼭 확인해야 한다. 세 번째로, 녹음상태가 부실해서 실패하는 경우이다. 시끄러운 장소에서 녹음했을 때 참여자의 목소리가 깨끗하게 녹음되지 않을 수 있는데, 이 경우 전사 과정에서 오류가 발생할 가능성이 커진다. 따라서 면담은 조용한 장소에서 진행되어야 한다.

면담이 종료된 후에도 연구자와 참여자 간의 대화를 이어나갈 수 있다. 그러나 면담 종료 이후의 대화를 사용할 수 있는지 여부는 중요한 고려사항이다. 일반적으로 IRB에서 승인받은 시간 이외에 이루어진 대화는 원칙적으로 데이터로 활용할 수 없다. 따라서 참여자가 질문 이외에도 하고 싶은 말을 할 수 있는 기회를 제공하는 것이 필요하다. 일반적으로, 면담이 종료되기 직전에 '제가 묻지 않은 내용 중 하고 싶은 말이 있습니까?'라는 마무리 질문을 통해 참여자에게 말할 기회를 부여한다.

③ 면담 종료

현장 일지

면담이 종료된 후, 연구자는 **현장 일지**를 작성하고 전사 작업을 시작하여야 한다. 현장 일지는 면담 중에 발생한 상황을 상세히 기록하는 문서이다. 이 노트에는 면담 과정에서 발생한 문제, 참여자의 행동, 그리고 연구자가 느꼈던 생각 등과 같은 세부 정보가 구체적으로 기록된다. 면담을 진행한 연구자가 한 명인 경우, 면담이 종료된 후 현장 일지를 작성하게 되지만, 면담에 다수의 연구자(질문자, 관찰자)가 참여한 경우, 그중 한 명이 면담 중 현장 일지를 작성할 수 있다.

현장 일지: 참여자#1

시간: 2009.10.9. 오후 4시50분
장소: 리틀홀 4층 참여자 연구실
주제: 대학원 삶의 행복/안녕(well-being) 연구

면담 참여자를 만나기 위해서 나는 4시 35분쯤 리틀홀에 도착했다. 그러나 나의 면담 파트너(면담 관찰자)가 지각해서 약속된 시간에 면담을 진행하지 못했다. 다행히 참여자가 기다려줘서 4시 50분에 면담을 진행할 수 있었다. 참여자 연구실은 4층에 있었으며 매우 조용했다. 그는 다른 대학원생과 연구실을 공유하고 있었는데, 동료는 면담에 방해가 되지 않기 위해 잠시 나갔다가 면담이 끝난 후 다시 들어왔다. [중략] 참여자는 인터뷰 과정에서 가족관계에 대해서 자주 언급했다. 특히 학업 수행 경험을 말할 때는 가족이라는 단어가 매번 등장했다. 그에게 있어서 가족관계는 아주 중요한 키워드라고 생각되었다. 그래서 우리는 가족관계를 물어보았다. 그는 첫 번째 자식이었으며 미국에서 대학원을 다니는 첫 번째 가족 구성원이라고 말했다. 그리고 가족의 기대에 부응하기 위해서 학업을 잘 해내는 것이 중요하다고 말했다. 우리 또한 같은 아시아 문화권 사람들로서 그의 아시아 문화에서 자식으로서의 역할기대를 공감할 수 있었다. [중략] 참여자는 최근 어려운 시험(qualifying exam)을 통과했고 가끔 여자 친구를 만나고 있다고 했다. 그의 미소가 매우 밝고 평온했던 이유가 어려운 퀼 시험 통과와 무관하지 않을 것이다. 그는 우리에게 자신의

스케줄을 보여주며 2차에 걸쳐 진행되었던 시험의 강도를 설명해주었다. 그때에도 그는 미소를 짓고 있었다. 행복해 보였다. [중략]

출처: 「대학원 삶과 행복」 현장 일지: 저자의 개인 자료에서 발췌.

전사

면담의 **전사**(transcription)는 언제 이루어져야 하는가? 연구자는 면담 직후 바로 전사를 시작해야 한다. 전사 작업의 신속성은 당시 면담상황을 정확하게 재현할 수 있는 중요한 요소이다. 전사는 대화를 단순히 기술하는 것 이상으로 비언어적 행동(웃음/울음, 말 끊김, 말하는 속도 등)에 의미를 부여할 수 있으므로, 연구자는 비언어적 행동과 그에 따른 상황을 기억하고, 가능한 한 빠뜨리지 않도록 노력해야 한다. 일반적으로 60분 미만의 면담을 전사하는데 4시간에서 5시간이 걸릴 수 있으며, 외국어(영어 등)로 면담을 진행했을 때는 시간이 더 소요될 수 있다. 또는 녹음상태(예: 카페에서 진행되었을 경우, 참여자가 마스크를 착용했을 경우 등)에 따라 전사 시간이 더 오래 걸릴 수도 있다.

전사 과정은 어려운 작업이 될 수 있다. 최근에는 전사를 도와주는 앱을 활용하기도 한다. 또한 전문업체에 전사 작업을 의뢰하기도 한다. 어떤 방법을 사용하든 연구자는 원본과 전사본을 반드시 확인해야 한다. 특히 앱을 사용한 전사 작업의 경우, 단어, 문장, 띄어쓰기 등에서 원본과 차이가 있을 수 있으므로 연구자는 반드시 검토하고 수정해야 한다. 또한 연구와 무관한 사람에 의한 전사 작업 시에도 문제가 발생할 수 있으므로 주의가 필요하다.

이러한 문제를 해결하는 가장 좋은 방법은 연구자가 직접 전사 작업을 수행하는 것이다. 이는 분명히 단점보다 장점이 많은 선택지이다. 아래 예시는 면담의 맥락적 상황을 알고 있을 때와 그렇지 않을 때 전사의 차이를 보여준다. 물론 연구자는 연구의 목적과 전반적인 맥락적 상황을 알고 있기 때문에 큰 문제가 되지 않을 것이다. 그러나 연구에 직접 참여하지 않는 다른 사람이 전사를 수행할 때는 오역 문제에 주의해야 한다.

질적연구에서 전사는 중요한 단계다. 전사를 시작하는 순간부터 연구 분석이 시작되기 때문이다. 그러므로 전사 작업은 연구자가 직접 수행하는 것이 좋다. 녹음된 내용을 여러 번 반복하면서 연구자는 중요한 통찰을 얻게 된다. 이러한 과정은 초기메모 단계로 간주할 수 있으며, 이 메모는 범주를 형성하는 데 영향을 미칠 수 있다.

표 III-3 전사 예시

전사 내용	전사자의 해석
특히 난 그 밤맛(밥맛) 때문에 죽을 지경이었죠. 너무 싫었고 정말 어찌할 방법이 없었는데, 그 친구가 밤맛(밥맛)을 잊어버릴 방법을 알려주었고, 전 그대로 해봤는데, 와... 효과가 좋았어요. 그 후로 그 밤맛(밥맛)으로 인한 고통이 사라졌어요.	▪ 임신한 대학원생의 입덧 과정으로 생각하며 '밥맛'으로 전사 ▪ 재수가 없는 사람으로 생각하며 '밥맛'으로 전사 ▪ '밤' 맛으로 전사 ▪ '밥' 맛으로 전사
I'm gonna be a great father. I'm gonna be a grandfather.	▪ 위대한 아버지로 전사 ▪ 할아버지로 전사

질적연구에서 익명성 보장 및 개인정보의 비밀 유지는 전사 작업에서부터 시작된다(Poland, 2003). 연구자는 연구의 신뢰성을 확보하기 위해 전사 직후 참여자들과 자료를 검토할 수 있다. 이때 개인 식별이 가능한 민감한 정보는 삭제해야 한다. 일부 참여자는 자신의 대화 기록을 확인한 후 추가로 삭제를 요청할 수 있으며, 때에 따라 일부 문장 또는 전체 내용의 삭제를 요청할 수 있다. 이 경우, 연구자는 참여자의 의견을 받아들여 내용을 삭제해야 한다(Hatch, 2002, 2008).

전사: 참여자#1
면담일자: 2023.5.23.
면담장소: 별빛스타디카페(가칭) 공동회의실
면담시간: 14:00~15:00

I: 자 이제 시작할까요? 간단히 자기소개 부탁해요.

P: 네. 저는 17학번 참여자#1번입니다. 현재 ○○학과를 다니고 있습니다. 제가 지금 전공을 선택하게 된 이유는 중학교 때 항상 체육이랑 영어를 좋아해서, 무엇을 할지를 고민하다가 당시 선생님을 잘 만나서 이렇게 올바른 길을 안내해주셨고, 저한테 ○○학과에 대해서 알려주셨어요. 생각해보니 저는 교사라는 직업도 잘 맞는 것 같아서 [사범대학] ○○학과를 선택하게 되었습니다.

I: 자신이 원하는 전공을 선택했군요.

P: 네. 맞습니다.

I: 대학 1학년 생활은 어떠했나요?

P: 제가 원해서 들어오기는 했지만, 솔직히 재미가 없었습니다[웃음]. 일단 대학 생활을 뭔가 잘못한 것 같고, 그리고 집합 문화가 있었는데…[잠시 말을 멈춤] 그런데 지금은 많이 좋아졌어요[웃음]. 그런데 그때는 알게 모르게 '언제 모여라' 이런 것들이 많았고, 저 같은 경우에는 통학하고 있었기 때문에, 공강 시간에는 할 것이 없어서, 아까운 시간이 많이 버려졌어요. 허무하게 지나갔다는 생각이 많이 들었습니다.

I: 당시 집합 문화가 대학 생활에 어떠한 영향을 미쳤나요?

P: 대학 1학년 생활에 엄청 많은 영향을 미쳤다고 생각합니다. 지금은 생각이 미화되어서 웃으면서 말할 수 있었지만, 그때 당시는 힘들었거든요. 학교를 관두고 싶다는 생각을 많이 했었고 엄마한테도 말했거든요. '아 잘못 왔다.' 이런 생각이 많이 들었습니다. '공부를 열심히 해서 저 위쪽[*수도권지역을 의미]으로 가야 했었나?'라는 아쉬움도 많았고… 엄마는 제 의견을 존중한다고 하셨지만 또 임용[고사]를 한 번 봤으면 좋겠다고 말씀하셨어요. 제 입장은 '내가 원하던 삶이 아니었는데'라는 생각뿐이었고, [웃음] 아무튼 그때는 선배들이 너무 무서웠어요. [전화 벨소리] 아, 잠깐만요. 전화가 와서…[받지 않고 무음으로 전환]. 죄송합니다.

I: 아닙니다. 그럼 다시 이어갈까요?

P: 네.

출처: 「군 복학 연구」 인터뷰 전사: 저자의 개인 자료에서 발췌.

번역

외국어로 진행하는 경우, 질적연구에서는 **번역**이 불가피하게 발생한다. 한 언어를 다른 언어로 번역하는 문제는 그 언어의 함축적인 의미를 고려해야 하므로 전사보다 훨씬 복잡하다(Marshall

& Rossman, 2016). 따라서 연구자는 연구결과를 기술할 때 번역이 발생했음을 명시하고, 연구 신뢰도를 높이기 위해 어떤 노력을 기울였는지에 관한 절차 및 내용을 결과 보고서에 기술해 줄 필요가 있다. 예를 들어 전문가(이중 언어자, bilingual)에게 번역을 의뢰한 후, 결과 보고서에 번역된 버전(영어) 아래 원본(한국어)을 이탤릭체로 함께 표기하거나 번역 절차 및 과정을 연구방법론에 상세히 기술한다.

(2) 집단 면담

집단 면담은 소규모 집단을 구성하여 특정 주제에 관한 토론을 진행하는 조사 방법이다. 집단 면담의 대표적인 예는 **포커스 그룹 면담**(focus group interview, FGI)이 있다. **FGI**는 어떤 주제에 대해 다양한 아이디어가 필요하거나 각 집단 간 의견의 차이를 이해하고자 할 때, 또는 대규모 양적연구를 설계하기 위한 기초자료뿐 아니라 양적 데이터 결과에 대한 추가적인 정보가 요구될 때 자주 활용된다(Krueger & Casey, 2015).

FGI는 실험적 환경이 아닌 좀 더 자연스러운 분위기에서 면담이 이루어질 수 있고 비교적 짧은 시간 내에 다양한 자료를 수집할 수 있을 뿐 아니라 많은 자료를 확보하고 집단 간 상호작용의 역동성까지 포착할 수 있는 장점이 있다(Hatch, 2002, 2008; Marshall & Rossman, 2016). 반면 주제와 무관한 내용이 과도하게 논의될 수 있으며, 주도적인 참여자를 중심으로 발언권이 편중되거나 진행자가 토론을 통제하지 못하는 상황이 발생할 수도 있다(Hatch, 2002,

2008; Marshall & Rossman, 2016). 따라서 연구자는 참여자가 질문에 관한 대화를 진행할 때 상호작용을 균형 있게 유지하는지 주의 깊게 관찰해야 한다. 또한 주제에서 벗어난 대화가 계속된다면, 주제로 다시 돌아오도록 환기하는 방법을 사용할 필요가 있다. 예를 들어 "아, 그렇군요. 그런 생각을 할 수도 있겠네요. 자, 그럼 다시 ○○주제로 돌아가 볼까요? ○○씨는 어떻게 생각하시나요?"와 같이 진행할 수 있다.

전통적으로 추천되는 FGI 참여자 수는 10명~12명 정도라고 하지만, 참여자 수가 너무 많으면 통제가 어려워지며 개별 참여자가 정해진 시간 동안 의견을 나눌 기회가 제한될 수 있으므로 일반적으로 5~8명 정도를 권장하고 있다(Krueger & Casey, 2015). 그러나 FGI는 다수의 참여자가 참여하므로 일정 조율이 어렵고 참여자의 불참이 발생할 수 있으므로, 모집 과정에서 필요한 수보다 더 많은 참여자를 모집해야 한다(Roulston, 2022). 또한 FGI는 특성상 잘 아는 사람들이 한 집단으로 모일 수 있다. 이는 친밀한 관계가 이미 형성되었다는 점에서 면담 진행 시 유용할 수 있다. 그러나 이들이 서로 잘 알고 있는 사이라면 비밀 유지 문제가 발생할 수 있으며, 특히 민감한 주제에 대한 개인적인 경험을 공유해야 하는 자리라면 FGI보다는 개별 인터뷰를 고려해야 한다(Roulston, 2022). 다시 말해, 민감한 정보의 기밀성을 보장할 수 없다면, FGI는 적합하지 않다(Krueger & Casey, 2015).

(3) 관찰

관찰(observation) 기록은 필드 노트(field note)라고 불리며 관찰된 내용을 상세하고 구체적으로 기술하는 방법으로서, 연구대상으로 선택된 환경에서 사건이나 행동을 체계적으로 기록하는 조사 방법이다(Marshall & Rossman, 2016). 관찰을 위해서는 사전 계획이 필요하다. 초보 연구자의 경우, 현장 상황에 압도당해 아무것도 관찰하지 못하고 끝날 수 있으므로 철저한 준비가 요구된다. 예를 들어, 연구자가 관찰기록을 선택했다면, '대화를 처음 시작하는 사람은 누구인가?, 특정 이슈에 대해 참여자들은 어떤 반응을 보이는가?, 참여자들에게 나타나는 비언어적 신호는 무엇인가?, 기록은 어떻게 할 것인가(예: 노트작성, 디지털 기술활용, 기억에 의존 등)?, 관찰에 얼마나 많은 시간을 투자할 것인가(예: 초기는 30분, 후반부는 1시간)?' 등 관찰하고자 하는 내용을 사전에 계획한 후 현장에 들어가는 것이 좋다(Lichtman, 2013).

주제: 장애인에 대한 대학생들의 태도 관찰
유형: 참여관찰
장소: 13번가 기숙사~도서관(도보 15분 거리), 도서관 내 카페
시간: 2010.05.27. 15시 30분~16시 40분
방법: 양쪽 목발을 짚고 캠퍼스 도보(기숙사에서 도서관까지 걸으며 관찰을 진행), 도서관 내 카페 방문(카페방문자 관찰)하여 어떤 일이 발생했는지를 관찰기록

[중략] 웨스트 도서관에 도착한 시간은 오후 3시 57분이었다. 덥고 (화씨 85도 이상) 맑은 날씨이다. 여름 방학이라 도서관은 붐비지 않았다. ○○대학은 단과대학별로 몇 개의 학술도서관이 있다. 내가 도착한 도서관은 중앙도서관이며 책을 가장 많이 소장하고 있는 도서관이다. 들어가는 입구를 중심으로 1층 왼쪽은 라운지가 있고 오른쪽은 카페가 있다. 엘리베이터를 타고 2층으로 올라가면 신간도서실, 공동스터디실, 개인스터디실, 안내데스크가 있다. 창문에 햇살이 가득해서 도서관 안은 매우 밝았다. [중략] 나는 도서관 카페에 들어갔다. 평소에는 많은 사람이 이곳에서 커피를 주문한다. 그러나 오늘은 몇 명의 사람만이 테이블에 앉아 있었다. 한 남학생이 입구 근처에서 노트북으로 작업을 하고 있었으며, 나를 잠시 응시했다. 우리는 눈이 마주쳤지만 그는 무표정한 표정으로 작업을 이어갔다. 나머지 사람들도 입구로 들어오는 나를 바라봤지만 곧이어 자기 일에 몰두했다. 창가의 한 여학생은 전화 통화하며 노트북 작업을 하고 있었고 구석진 테이블에는 남녀학생이 무언가를 메모하며 대화를 나누고 있었다. [중략] 나는 다시 일어나 문밖으로 나섰다. 그때 먼저 일어났던 한 여학생이 자동문을 열어주었다. 나는 "고맙습니다"라고 말했고 그녀는 "별말씀을요"라고 대답했다. 그러나 그녀는 자동 버튼을 계속 누르고 있었다. 호기심에 뒤를 돌아봤는데, 그녀는 휠체어를 사용하는 다른 사람을 기다리고 있었다. 내 주변으로 학생들이 계속 지나갔다. 이들이 나를 바라본다는 것을 느낄 수 있었다. 그런데 나를 직접 바라보는 것이 아니라 흘끗? 이라고 표현해야 하나? 이들은 무심하게, 무관심하듯, 거의 눈에 띄지 않게 나를 잠시 응시하고 시선을 돌린 후 사라졌다. [중략]

출처: 「장애인에 대한 인식」 참여관찰: 저자의 개인 자료에서 발췌.

(4) 아카이브

아카이브(archive)는 질적연구에서 자주 활용되는 데이터로, 수집된 다른 자료(면담, 관찰)와 함께 사용된다. 대표적인 예로, 이미 만들어진 인공물(아동 작품, 교사의 교안, 교구 등), 사적 교신(일기, 일지, 등), 문서기록(학생기록부, 병원기록, 회의록 등), 참여자가 소장하고 있는 사진, 기록물 등이 있다(Hatch, 2002, 2008). 아카이브는 특별한 경우를 제외하고(오직 아카이브 외 얻을 수 있는 자료가 없을 때), 주로 **삼각 검증**(triangulation)에서 활용된다(Hatch, 2002, 2008). 예를 들어, 가부장적 사회에서 가족의 의미를 이해하기 위해 연구자는 10년 동안 촬영된 가족사진을 수집하고, 이를 토대로 심층면담에서 사진의 의미에 관해 대화를 나누거나, 다문화 인식을 이해하기 위해 초등학생들의 성과물(포스터 등)을 수집하여 분석할 수 있다. 아카이브를 수집하기 위해서는 사전에 무엇을 포함할 것인지와 어떻게 수집할 것인지를 철저하게 계획해야 한다. 연구자가 즉흥적으로 아카이브를 수집하는 것보다, 연구 설계 단계에서 아카이브 수집의 목적과 활용 방법을 명확하게 정의한 후 현장조사를 시작하는 것이 참여자나 협력 기관으로부터 데이터를 얻는 데 도움이 될 수 있다.

3) 자료수집 절차

자료수집 절차는 자료수집 전, 자료수집, 그리고 자료수집 후로 구분한다. 본 절에서는 질적연구에서 주로 활용되는 면담을 중심으로 자료수집 세부 절차를 소개한다.

표 III-4 자료수집 세부 절차

자료수집 전	자료수집	자료수집 후
❶ 연구 계획(자료수집) ❷ IRB 신청 및 승인 ❸ (면담) 참여자 모집 ❹ 참여자와 일정 조율	❶ 연구내용 및 연구 방법 설명 ❷ 연구자/참여자 동의서 서명 ❸ 녹음 장비 확인 후 면담 진행 ❹ 후속 면담(member check 등) 논의	❶ 필드 노트작성 ❷ 전사 시작 ❸ 자료분석 준비 ❹ 자료분석 시작

(1) 자료수집 전

1단계	주요 내용
자료수집 선택하기	▪ 목적표집, 스노우볼 샘플링, 편의표집, 이론적 표집 등을 선택한다. ▪ 심층면담, FGI, 관찰, 아카이브 등을 선택한다. ▪ 면담질문지(심층면담, FGI), 관찰 질문지 등을 작성한다.

연구계획 단계에서, 연구주제가 확정되면 자료수집 방법을 선택한다. 연구주제에 따라 심층 면담을 여러 차례 진행할 수 있고(예: 개별 면담자 간 1~3회 진행), 심층 면담 이후에 집단 면담을 할 수도 있으며, 반대로 집단 면담 이후에 심층 면담을 진행할 수도 있다. 또한 관찰(참여 관찰/비 참여 관찰)을 진행하면서 공식적/비공식적 면담을 수행할 수도 있다. 연구목적으로 참여자로부터 자료를 요청(예: 에세이 작성 등)하거나 연구와 관련된 문서를 수집할 수도 있는데, 이 모든 과정은 자료수집 준비단계에서 철저하게 계획되어야 한다. 만약 IRB 승인 이후 자료수집 방법을 수정해야 한다면(예: 자료수집 추가) IRB 재심의를 받아야 한다. 연구를 수행

하는 과정에서 참여자의 동의 없이 연구자가 임의로 자료수집 방법을 변경하는 행위는 윤리적으로 문제가 될 수 있으므로 주의가 필요하다.

2단계	주요 내용
IRB 신청하기	▪ 생명윤리법 관련 교육을 이수한다(2년 유효). ▪ 대학 내 연구윤리센터 또는 기관생명윤리위원회 정보 포털에서 서식을 내려받은 후 심의를 신청한다.

연구계획서 발표 후 연구를 시작하기 전, 연구자는 기관생명윤리위원회(IRB)로부터 승인을 받아야 한다. 질적연구는 인간 대상 연구(연구대상자를 직접 조사)이므로 사전에 IRB 승인을 받는 것이 좋다. 연구비 지원으로 연구가 진행될 때도 IRB 심의서는 필수이

출처: 기관생명윤리위원회 정보포털(https://irb.or.kr/menu02/commonDocument.aspx)

며, 연구결과물을 해외저널에 투고할 때도 IRB 심의서는 필요하다. 무엇보다도, IRB 심의는 연구자와 연구대상자를 보호할 수 있는 중요한 절차이므로 연구를 계획 중인 연구자는 반드시 연구과정에 포함해야 한다. 연구자는 대학 내 **연구윤리센터**에서 서식을 내려받은 후 심의신청을 하거나 **기관생명윤리위원회** 정보포털에서 서식을 내려받은 후 심의신청을 하면 된다.

인간대상연구 심의신청서류	1. 신규연구계획 심의신청서 2. 연구계획서 3. 설명문 4. 동의서 5. 이해상충공개서 6. 연구책임자/연구자 이력서 및 생명윤리 교육 이수증 7. 생명윤리준수서약서 8. 연구도구

출처: 경남대학교 연구윤리센터(https://www.kyungnam.ac.kr/sites/bc/index.do)

3단계	주요 내용
참여자 모집하기	▪ IRB로부터 승인받은 모집문건을 활용하여 포스터 및 온라인에 광고한다.

연구자는 면담 참여자를 모집하기 위한 광고를 시작한다. 지면광고에는 주로 포스터를 활용하며, 최근에는 온라인(SNS)을 통한 모집도 일반적으로 사용되고 있다. IRB 심의내용 중 모집문건이 포함되어 있으므로, 광고를 진행할 때 IRB로부터 승인받은 모집문건을 사용해야 한다. 일반적으로 모집문건에는 연구목적, 참여

조건, 모집인원, 참여 방법, 참여 장소, 신청 방법, 인센티브 등의 연구내용이 포함되어 있다.

〈참여자 모집 광고〉

안녕하십니까? ○○대학교 김○○입니다.

학생들의 성공적인 대학 생활을 지원하고 효율적인 대학서비스체계를 구축하고자 연구를 진행하고 있습니다. 여러분의 참여를 기다리고 있으니 관심 있는 학생들은 아래 사항을 확인하신 후 신청해주시길 바랍니다.

1. 연구목적: 군 복학생들의 경험이 내적 삶의 전환(성인으로서의 책임감, 학업 동기, 목표 의식 등)에 어떠한 영향을 미쳤는지를 탐색
2. 참여조건:
   군 복학 후 1년 이상(2학기 이상) 학교생활을 경험한 남학생
3. 모집인원: 20명
4. 참여방법: 개별 면담(60분 내외 소요)
5. 참여기간: 23년 3월~24년 2월
5. 참여장소: 참여자와 협의
6. 신청방법: 김○○ vicky***@gmail.com. 010-1234-5678
7. 기타: 기념품(무선충전기 등) 제공

감사합니다.

IRB승인번호:

연구기간:

4단계	주요 내용
참여자와 면담 일정 조율하기	▪ 장소 협의 및 면담 날짜를 확정한다. ▪ 면담 전날/당일, 참여자에게 확인(안내) 문자를 발송한다.

참여자 모집 후 연구자는 참여자를 관리해야 한다. 면담 날짜와 시간을 참여자와 사전에 조율했더라도, 면담 당일 예기치 못한 상황이나 단순 변심 등의 이유로 면담 진행이 불가능할 수 있다. 개별 면담의 경우 날짜 변경이 가능할 수 있으나 집단 면담의 경우는 거의 불가능하므로, 면담 약속을 상기시키기 위해 사전에 안내 문자를 발송하는 것이 좋다.

(2) 자료수집

1단계	주요 내용
참여자에게 연구 방법/절차 설명하기	▪ 현장에서 연구계획서를 소개한다(연구목적, 주요 연구내용 등). ▪ 구체적인 연구 방법(면담 과정, 전사 과정, 동의서)을 설명한다.

면담이 시작되기 전, 연구자는 참여자에게 연구내용 및 방법을 안내한다. 첫째, 면담 과정이 어떻게 진행될 것인지 구체적으로 설명한다. 다음 질문들은 처음 면담에 참여하는 참여자들이 궁금해하는 내용이므로 설명할 때 참고하면 좋다.

- 녹음하는 이유는 무엇이고 어떤 내용을 녹음할 것인가?
- 녹음된 원본은 어떻게 보관하고 언제 삭제할 것인가?

- 면담 중 스트레스로 인해 문제가 발생했을 경우, 어떻게 지원할 것인가?
- 면담은 중도에 포기할 수 있는가?
- 인센티브는 무엇이고 언제 받을 수 있는가?
- 동의서에 서명하는 이유는 무엇인가?

둘째, 면담 종료 후 전사 과정이 어떻게 진행될 것인지에 관한 설명을 아래 질문을 참고하여 안내한다.

- 익명성 보장을 위해 전사는 어떻게 이루어지는가?
- 참여자 확인 과정은 어느 시점에 이루어지는가?

셋째, **동의서**(informed consent)가 왜 필요한지에 관한 설명을 아래 질문을 참고하여 안내한다.

- 동의서는 무엇인가?
- 동의서가 필요한 이유는 무엇인가?
- 동의서 서명은 어떻게 하는가?

2단계	주요 내용
동의서 서명하기	▪ 현장에서 연구자와 참여자가 동의서에 서명한다.

참여자가 면담에 참여 의사를 밝히면 연구자와 참여자는 동의

서에 서명한 후 각자 보관한다(연구자 1부, 참여자 1부).

3단계	주요 내용
녹음 장비 점검하기	▪ 녹음 장비 및 주변 환경을 점검한다(창문 닫기, 휴대폰 무음전환 등).
면담 시작하기	▪ 반 구조화된 질문지를 활용하여, 60분~90분 진행한다.

면담은 약 10개의 문항(60분~90분)으로 구성하며, 친밀감 형성, 기초 질문, 핵심 질문, 마무리 질문 순으로 진행한다. 연구자는 미리 준비한 질문을 단순히 던지고 대답을 받는 기계적인 방식이 아닌, 참여자의 응답을 경청한 후 추가 질문을 통해 대화를 이끌어가는 대화 형식으로 진행하는 것이 좋다. 추상적인 질문, 자극적인 질문, 또는 단순한 질문 등은 피하고 참여자의 몰입을 촉진할 수 있는 질문과 대화의 자세를 취하는 것이 바람직하다. 만약 면담 중에 참여자의 건강에 이상이 발견되면 즉시 면담을 중단하고 적절한 조치를 취해야 한다.

4단계	주요 내용
후속 면담 논의하기	▪ 후속 면담을 안내한다(참여자 확인 과정 안내, 2차 면담 안내 등).

면담이 마무리되면 후속 면담계획을 안내한다. 연구자에 따라 2차 면담을 진행할 계획이 있거나 참여자 확인 과정을 거칠 계획이라면 면담 종료 후 날짜와 장소를 논의하는 것이 좋다.

(3) 자료수집 후

1단계	주요 내용
현장 일지 작성하기	▪ 면담 과정 중에 있었던 상황을 상세히 기술한다.

면담이 종료되면 면담 과정에서 있었던 모든 상황(주변 환경, 발생한 사건, 면담자의 태도, 연구자의 감정, 떠오르는 생각, 질문 등)을 상세히 기술한다. 현장 일지는 기억이 희미해지기 전에 작성하는 것이 좋다. 현장 일지는 연구 분석에 활용될 수 있다.

2단계	주요 내용
전사 시작하기	▪ 면담 직후 전사를 시작한다. ▪ 앱을 활용하여 전사할 때 반드시 원본과 대조한다.

면담 종료 후 전사를 시작한다. 전사는 언어 외 비언어적 행동(웃음/울음, 말 끊김, 말하는 속도 등)을 상세히 기술해야 하며, 참여자의 개인정보(개인 식별이 가능한 이름, 소속 등)는 이 과정에서 제거해야 한다(예: 저는 ○○○입니다. 현재 ○○고등학교 수석교사로 근무 중입니다).

전사를 시작한다는 의미는 자료분석을 시작했다는 의미와도 같다. 따라서 전사 과정에서 떠오르는 생각들을 잘 정리하는 메모 습관을 갖는 것이 중요하다. 만약 전사 과정 중에 연구자의 생각을 포함하게 될 경우, 연구자는 반드시 면담 내용과 연구자의 메모(생각) 내용을 구분해야 한다(예: 연구자의 생각은 파란색으로 표시

등). 특정 앱을 활용하여 전사를 대신할 때, 연구자는 원본과 전사본을 비교하여 전사가 정확히 이루어졌는지를 확인한다.

3단계	주요 내용
자료분석 준비하기	1개 이상의 복사본을 만들거나 백업파일 자동 생성을 활용한다. 분석용 파일을 새롭게 생성한 후 전사 자료를 복사해둔다.

이 단계부터 연구자는 자료 보호를 위해 노력해야 한다. 바이러스 등으로 인해 자료가 손상되거나 삭제될 경우, 복구 비용이 발생하거나 복구가 어려울 수 있으니 항상 주의가 필요하다. 1개 이상의 복사본(원본-작업용, 복사본-백업용)을 만들거나 한컴오피스에서 백업파일 자동 생성 기능을 활용하면 좋다(화면 상단 '도구' → '환경설정' → '파일' → '백업파일만듦' 선택). 분석 준비의 첫 단계는 분석용 파일을 새롭게 생성한 후 각각의 전사 내용을 아래 서식에 복사해두는 것이다.

파일명: 1차 코딩_참여자#1_23.11.11.

1차 코딩	데이터(원자료)
참여자#1 ▪ 면담일자: 2023.5.23. ▪ 면담장소: 회의실 ▪ 면담시간: 14:00~15:00 • 코드 입력(코드명 기술) • 코드 입력(코드명 기술) • 코드 입력(코드명 기술) • 코드 입력(코드명 기술)	참여자#1 ▪ 면담일자: 2023.5.23. ▪ 면담장소: 회의실 ▪ 면담시간: 14:00~15:00 I : 당시 집합문화가 대학생활에 어떠한 영향을 미쳤나요? P: 대학 1학년 생활에 엄청 많은 영향을 미쳤다고 생각합니다. 지금은 생각이 미화되어서 웃으면서 말할 수 있었지만, 그때 당시는 힘들었거든요. 학교를 관두고 싶다는 생각을 많이 했었고 엄마한테도 말했거든요. [중략]

다. 자료분석

1) 분석 시작하기

자료분석은 자료를 정렬, 범주화, 그룹화, 그리고 재그룹화하는 과정이다(Rossman & Rallis, 2017). 질적연구에서 자료분석은 자료가 모두 수집될 때까지 기다리는 것이 아닌 자료가 수집된 순간부터 시작하는 것이 좋다. 질적연구에서 핵심적인 자료분석 도구는 **코딩**(coding)이다. 자료분석의 첫 단계는 수집된 자료를 코딩하는 것이다(Mayan, 2009). 연구자는 전사된 자료를 읽는 것뿐만 아니라, 자료를 읽어가며 생각을 정리하고 메모를 작성하며 이를 표시하는 작업을 시작한다. 즉, 자료를 읽는 단계에서도 이미 분석 작업이 시작되고 있음을 의미하며, 질적연구에서는 코딩을 시작했다고 말한다(Mayan, 2009). 질적연구에서 코딩은 자료의 조각들을 간결한 이름으로 범주화하는 과정을 나타내며, 이 과정은 각 자료 조각들을 요약하고 설명하는 역할을 한다(Boeije, 2010). 코딩은 이름(labeling)이 아니라 연결(linking)이라고 설명할 수 있는데, 이는 자료에서 아이디어로의 이동 및 아이디어에서 해당 아이디어와 관련된 모든 자료로 이동하는 과정으로 이해될 수 있다(Richard & Morse, 2007). 코딩은 **근거이론**에서 중요한 분석 기술로 다루이지지만, 많은 질적연구에서 유용하게 활용되고 있다.

(1) 1차 코딩

자료를 여러 차례 읽은 후, 연구자는 초기 코딩(initial coding)

또는 개방 코딩(open coding)을 시작한다. **1차 코딩** 과정에서 코드는 개방적이고 유연해야 하며, 자료에 가까이 머물러 있어야 한다(Chamaz, 2014). 특히 이 단계에서는 어떤 것이 중요한지를 판단하는 것이 아니라 어떤 일이 벌어졌는지를 자세히 살펴보는 단계이므로 지나치게 상세한 코딩을 권장하는 것은 아니지만 자료를 구체적으로 검토하고 살펴보는 작업이 필요하다(Boeije, 2010). 첫 단계 코딩 절차는 다음과 같다.

- 전체 문서를 읽는다.
- 텍스트를 한 줄씩 읽으며 코드를 부여할 단편(fragments)의 시작과 끝을 확인한다.
- 이 단편을 왜 의미 있는 하나로 간주하는지를 판단한다.
- 이 단편이 연구와 관련이 있는지를 판단한다.
- 이 단편에 적절한 이름, 즉 코드를 생성한다.
- 생성한 코드를 해당 텍스트 단편에 할당한다.
- 문서 전체를 읽고 관련 있는 모든 단편에 코드를 할당한다.
- 서로 다른 단편을 비교한다. 이는 텍스트 내에서 여러 단편이 같은 주제를 다룰 가능성이 크므로, 이러한 단편들은 같은 코드를 부여한다.

출처: Boeije(2010), p.98.

코딩하는 방법으로 줄 단위 코딩(line-by-line coding)이 있다. 줄 단위 코딩은 행간을 중심으로 코드를 부여하는 방식이다. 이 접근법은 일상생활에서 감지되지 않았던 다양한 패턴을 발견할 기회를 제공하며, 일상 속 사건들을 세분화하고 이들 사건이 어떤 구성요소로 이루어졌는지, 어떻게 발생했는지 등을 분석할 수 있도록 도움을 준다(Chamaz, 2014). 다음 자료는 Chamaz(2006, 2013)의 줄 코딩을 통한 초기 코딩의 예시이다. 의미 단위별 행간에 따른 코드는 다음과 같다.

원자료

당신이 루프스병을 앓는다고 해 봐요. 그러면 하루는 간이, 하루는 관절이, 하루는 머리가 아파오죠. 매일 아픈 부위가 달라지니, 사람들이 진짜 당신을 심인성 환자라고 생각할 거예요. 그러면 아마 당신은 정말 아무 말도 하기 싫을 거예요. 사람들이 '아이고, 저 사람에게 가까이 가지마. 저 여자는 온종일 불평뿐이야'라고 생각하기 시작하니까요. 내가 어떤 말도 하지 않는 이유는요, 내가 느끼는 모든 고통이 어떤 식으로든 루프스 병과 관계있는 것 같기 때문이에요. 하지만 대부분의 사람은 내가 루프스 환자라는 걸 몰라요. 심지어 그걸 알고 있는 사람도 열 가지 다른 증상이 모두 한 가지 이유 때문이라는 것을 믿지 않으려 하죠. 난 사람들이 내가 불평하기 때문에 내 주변에 있기를 원치 않는다고 말하는 것이 싫어요.

1차코딩(초기 코딩)		데이터(원자료)
1	-	당신이 루프스병을 앓는다고 해 봐요./
2	증상의 이동, 비관된 나날 경험하기	그러면 하루는 간이, 하루는 관절이, 하루는 머리가 아파오죠. 매일 아픈 부위가 달라지니,/

1차코딩(초기 코딩)		데이터(원자료)
3	타인이 떠올리는 자신의 이미지 해석하기	사람들이 진짜 당신을 심인성 환자라고 생각할 거예요./
4	공개 회피하기	그러면 아마 당신은 정말 아무 말도 하기 싫을거예요./
5	거부 예견하기	'아이고, 저 사람에게 가까이 가지마. 저 여자는 온종일 불평뿐이야'라고 생각하기 시작하니까요./
6	다른 사람에게 알리지 않기	내가 어떤 말도 하지 않는 이유는요,/
7	증상을 연결된 것으로 바라보기	내가 느끼는 모든 고통이 어떤 식으로든 루프스 병과 관계있는 것 같기 때문이에요./
8	다른 사람은 모름	하지만 대부분의 사람은 내가 루프스 환자라는걸 몰라요./
9	불신 예견하기	심지어 그걸 알고 있는 사람도 10가지 다른 증상이 모두 한 가지 이유 때문이라는 것을 믿지 않으려 하죠./
10	다른 사람의 관점 통제하기 낙인 회피하기 공개에 따른 잠재적 상실과 위험 평가하기	난 사람들이 내가 불평하기 때문에 내 주변에 있기를 원치 않는다고 말하는 것이 싫어요./

출처: Charmaz(2006, 2013), p.118.

초기 코드는 간결하고 정확하게 표현하는 것이 좋다(Chamaz, 2014). 연구자는 일상 언어뿐만 아니라 참여자들이 사용하는 용어를 코드로 활용할 수 있는데, 이를 인 비보 코드(In vivo code)라고 한다. Chamaz(2014, p.134)는 네 가지 유형의 인 비보 코드를 아래와 같이 소개하고 있다.

- 모두가 알고 있으며, 간결하지만 중요한 의미를 포함한 용어
- 참가자의 의미나 경험을 포착할 수 있는 참신한 용어
- 특정 그룹의 관점을 반영하는 내부 약어
- 참여자의 행동이나 관심사를 명확히 표현하고 있는 문장

초기 코딩 단계에서 평가자 간 신뢰성(inter-rater reliability)을 확보하기 위해 코딩작업을 개별적이 아닌 그룹 형태로 수행하는 방법이 있다. 이 방식은 구성원들이 텍스트의 해석을 공동으로 논의하고 의견을 교환하여 합의에 도달하는 과정을 통해 코딩 체계의 적절성을 향상하기 위해 사용된다(Boeije, 2010). 연구자들은 같은 주제에 관해 다른 코드 결과를 제시할 수 있다. 이 경우, 코드 결과에 관한 연구자 간 충분한 논의과정을 거친다면 연구결과의 신뢰도는 높아진다.

(2) 2차 코딩

코딩의 두 번째 단계, 즉 **2차 코딩**은 집중 코딩(focused coding) 또는 축 코딩(axial coding)이다. 집중 코딩은 초기 코드 중에서 가장 중요하고 빈번하게 나타나는 코드를 범주화하는 과정이다. 이 단계에서 연구자는 초기 코드의 내용과 코드 간의 관계를 파악하기 위해 코드와 코드를 지속해서 비교하는 과정을 거친다(Chamaz, 2014). 예를 들어, 각 자료의 코드를 비교하거나 자료 내

코드를 비교하는 등의 전략을 통해 어떤 요소가 중요하고 어떤 요소가 중요하지 않은지를 결정할 수 있다. 이 과정을 통해 중요한 코드들은 다시 범주로 확장되면서 추상적인 개념으로 전환된다(Boeije, 2010). 집중 코딩 단계에서는 다음 과정을 포함하고 있다.

- 개발된 코드가 데이터를 충분히 포함하는지를 확인하며, 필요하다면 새로운 코드를 개발한다.
- 각 단편이 올바르게 코딩되었는지를 확인한다.
- 비슷한 코드의 경우, 가장 적합한 코드로 범주를 정리/병합한다.
- 필요하다면 범주를 세분화한다.
- 주요코드와 하위코드를 구별하여 정리한다.
- 범주에 대한 설명이 충분하지 않다면 새로운 데이터를 추가하여 갭(gap)을 채운다.
- 데이터와 코딩을 지속해서 고민한다.

출처: Boeije(2010), pp.108-109.

다음 목록은 어떤 코드들이 집중 코딩의 코드로 적합할지를 정의하는 데 참고해볼 수 있다.

- 데이터와 초기 코드를 비교할 때 무엇을 발견하였는가?
- 초기 코드는 어떤 방식으로 패턴을 나타낼 수 있는가?
- 코드 중 어떤 것이 데이터를 가장 잘 설명하고 있는가?

- 이 코드들을 집중 코드로 발전시켰는가?
- 코드 간의 비교는 무엇을 나타내고 있는가?
- 코드들이 데이터 내의 갭(gap)을 나타내고 있는가?

출처: Charmaz(2014), pp.140-141.

표 III-5 집중 코딩 예시

집중 코딩	데이터(원자료)
증상의 이동, 비관된 나날 경험하기 타인이 떠올리는 자신의 이미지 해석하기 공개 회피하기 거부 예견하기 다른 사람에게 알리지 않기 증상을 연결된 것으로 바라보기 다른 사람은 모름 불신 예견하기 다른 사람의 관점 통제하기 낙인 회피하기 공개에 따른 잠재적 상실과 위험 평가하기	당신이 루프스병을 앓는다고 해 봐요./ 그러면 하루는 간이, 하루는 관절이, 하루는 머리가 아파오죠./ 매일 아픈 부위가 달라지니, 사람들이 진짜 당신을 심인성 환자라고 생각할 거예요./ 그러면 아마 당신은 정말 아무 말도 하기 싫을거예요./ 사람들이 '아이고, 저 사람에게 가까이 가지마. 저 여자는 온종일 불평뿐이야'라고 생각하기 시작하니까요./ 내가 어떤 말도 하지 않는 이유는요,/ 내가 느끼는 모든 고통이 어떤 식으로든 루프스 병과 관계있는 것 같기 때문이에요./ 하지만 대부분의 사람은 내가 루프스 환자라는 걸 몰라요./ 심지어 그걸 알고 있는 사람도 10가지 다른 증상이 모두 한 가지 이유 때문이라는 것을 믿지 않으려 하죠./ 난 사람들이 내가 불평하기 때문에 내 주변에 있기를 원치 않는다고 말하는 것이 싫어요./

출처: Charmaz(2006, 2013) 텍스트를 발췌하여 재구성, p.130.

2) 메모하기

메모는 연구를 지속하는 동안 자료, 분석, 개념 등을 끊임없이 고민하는 연구자의 사적 공간이다. 메모는 자료를 수집하고 전사하는 순간부터 시작된다. 초기메모는 단순하고 분석적이지 않으며, 자료를 읽고 떠오르는 생각들을 짧게 기록해두는 정도로 끝낼 수 있다. 그러나 분석 단계에서는 자료 및 코드를 지속해서 비교하는 과정을 통해 기술적 수준의 메모가 분석적이며 이론적인 내용으로 전환된다.

표 III-6 분석적 메모 예시

원자료	초기메모
P: 제가 고등학교 때는 수능이 급하다 보니까 수능에만 집중하니까. 성 소수자 하면 ○○○ 만 생각만 나고[웃음]….	키워드: 무지함 = 무관심 고등학교 시기, 학생들은 성 소수자에 대해 배운 적이 없다. 학교에서 알려준 적이 없고 부모님과 대화를 나눈 적도 없이 수능 준비에 집중한다. 이 시기는 성 소수자를 직접 본 적이 없다. 들릴 뿐이다. 본적은 없고 들리기만 하는, 이들은 성 소수자에 대해 무지하다. 무지하기 때문에 관심이 없다.(그렇다면, 문화적 다양성이 공존하는 대학에서는 어떤 영향을 미칠까?) [중략]

분석적 메모(1차)

주제: 학생들은 성소수자에 대해 왜 무+관심하는가?

학생들은 성 소수자에 대해 무관심을 보인다. 청소년기의 학생들에게 있어서 무관심은 "주변에 그런 사람[성 소수자]이 없고" 그래서 "눈으로 본 적이 없어서" 성 소수자에 대해 '관심' 없는 것을 의미한다. 그러나 이른 성인기 학생들에게 무관심은, '성 소수자'를 '나'로부터 분리하고 '선'을 그려 놓음으로써 발생한다. 즉 학생들은 성 소수자와 어떠한 교류도 허락하지 않은 채, 그들의 존재를 바라보고자 한다. 따라서 대학생들에게 있어서 무관심은 자신들이 정해놓은 조건하에 그들과 관련된 모든 것들에 관심을 두지 않겠다는 의도를 포함하고 있다. [그렇다면 무관심한 사람은 그들에 대해 긍정적일까? 부정적일까? 무관심이 긍정/부정의 또 다른 표현이라면?]

성 소수자의 존재를 인정하더라도 그들의 행동을 받아들이지 못한 일부 학생들은 무관심한 태도를 보이기도 한다. 형식은 '성 소수자들과 함께 수업을 듣게 된다고 하더라도 관심을 두지 않겠다.'라는 태도를 보였다. 형식은 '성 소수자들의 감정을 이해해야 한다.'라는 생각을 하면서도, 스스로가 그들의 감정을 부정하기 때문에 이러한 갈등을 해결하기 위해 그들에게 무관심을 보이고 있었다. [중략]

출처: 김선영(2014b), 「성 소수자 바라보기」 1차 분석적 메모: 개인 자료에서 발췌.

3) 자료분석 절차

(1) 분석을 위한 자료 읽기

- 전사된 자료를 여러 차례 읽는다.
- 자료수집 후 작성된 성찰일지/현장 일지 등을 읽는다.
- 떠오르는 생각들을 간단히 메모한다.

(2) 초기 코딩 시작하기

- 면담 자료를 의미 단위로 나눈 후, 각 단위에 코드를 부여한다.

- 초기 코드는 간결하고 정확하게 부여한다.
- 초기 코드는 데이터에 가까워야 하므로 추상적이거나 개념적이지 않도록 유의한다.
- 코드를 부여하며 각 코드에 메모를 작성한다. 메모는 각 코드에 대한 연구자의 의견, 질문, 해석 등을 포함한다.
- 1차 완성된 데이터 코드는 지속해서 비교한다.
- 팀원들과 초기 코딩을 진행할 때, 연구자들은 코드와 기술적 메모를 작성한 후 이를 공유하고 논의한 뒤 최종 합의에 도달한다.
- 초기 코딩을 위해 소프트웨어(MAXQDA, NVivo 등)를 활용할 수 있다.
- 초기 코딩을 완료한다.

(3) 집중 코딩 시작하기

- 초기 코드를 지속적 비교 분석하며 공통점, 차이점, 그리고 의미 있는 코드를 발견한다.
- 지속적인 비교를 통해 초기 코드가 가지고 있는 속성/패턴을 발견한다.
- 비슷한 속성/패턴의 코드들을 하나의 범주(category)로 묶은 후 이름을 부여한다.
- 범주 속에 포함된 코드 간 공백(gap)이 생기면 추가 표집(인터뷰 등)을 통해 보완한다.
- 각 범주의 특성을 설명할 수 있는 이론적 메모를 작성한다.

- 집중 코딩을 완료한다.

4) 신뢰성 검토

연구결과에 관한 **신뢰성** 검증은 연구의 투명성을 확보하기 위한 중요한 절차이다. 질적연구에서 자주 활용되는 기법은 **참여자 검토**(member check)가 있다. 참여자 검토는 연구결과물을 참여자와 공유하고 함께 검토하는 과정이다. 이 과정에서 참여자는 결과물에 대해 만족해하거나 민감해할 수 있으며, 때로는 분석된 결과물을 취소 또는 수정을 요청할 수도 있다(Poland, 2003). Kim(2012)은 박사학위논문에서 참여자 검토과정을 통해 내용이 일부 수정 및 보완된 사례를 상세히 기술하였다. 예를 들어, 환경에 따라 정체성을 변화시키는 패턴을 관찰한 후 '이중 문화의 삶을 협상하기 위해 문화적 정체성을 변화시킴'이라는 1차 범주를 도출하였다. 한 참여자는 이 결과에 대해 동의하지 않았고 다음과 같이 설명하였다.

> 저는 집에 있을 때나 밖에 있을 때나 같은 사람이라고 생각합니다. 집에 있을 때는 한국계 미국인이고, 밖에 있을 때도 한국계 미국인이라서 [....] 혼자 있을 때는 미국인으로 자신을 정의할 수도 있겠지만 다른 사람들과 함께 밖에 있을 때는 더 많이 한국인 같이 느낄 수 있다는 생각에 [다른 사람들이] 이렇게 말을 한 것 같습니다. 하지만 저는 동의하지 않아요. 집에 있든 밖에 있든 나는 한국계 미국인이라고 생각합니다(p.81).

참여자 검토는 연구자가 연구결과를 다시 한번 자세히 살펴볼 기회를 제공해준다는 점에서 의미가 있다.

장기간 관계 형성(prolonged engagement)은 목적 달성을 위해 오랜 시간 동안 현장에서 활동하며 응답자의 왜곡에 의한 오해를 검토하고 신뢰를 구축하는 과정을 말한다(Lincoln & Guba, 1985). 연구자가 현장을 자주 방문하게 되면 참여자와 친밀한 관계를 형성할 수 있고, 결과적으로 참여자로부터 풍부하고 심층적인 자료를 얻을 수 있다. 사실, 단 한 번의 면담을 통해 풍부한 자료를 완벽하게 얻기란 쉽지 않다. 첫 대면에서 속 깊은 자신의 이야기를 들려줄 수 있는 참여자가 얼마나 있겠는가? 그렇다면 초기 수집된 자료는 참여자의 경험을 충분히 반영했다고 볼 수 있는가? 따라서 자료수집 방법으로 면담을 계획했다면 1회 이상의 면담이 이루어지는 것이 연구 신뢰도를 높이는 방법이 된다. 그러나 참여자에게 1회 이상의 면담을 요청하는 것은 쉬운 일이 아니기 때문에 모집단계에서 면담 횟수를 밝히고 현장에서 다시 한번 동의를 얻는 것이 필요하다.

동료 검토(peer review)는 연구주제 및 연구방법에 익숙한 사람이 연구 절차 및 데이터를 검토하는 과정이다(Creswell & Miller, 2000). 이는 연구자가 다양한 관점을 수용하면서 자기 정당화된 태도를 피하는 데 도움을 주어 신뢰성을 확보할 수 있다. 대학원 동료들, 학위논문 심사위원, 학술논문 심사위원 등이 동료 검토자가 될 수 있다.

감사 추적(audit trail)은 연구방법과 연구주제에 친숙하지만, 해당 연구와 관련이 없는 외부 전문가가 수집 및 분석 절차를 철저히 검토하고 연구를 평가하는 과정이다(Creswell, 2015). 연구의 방법론적 과정을 감사 추적하기 위해서는 외부 전문가가 검토 가능한 자료수집과 분석에 관한 상세한 설명서가 요구된다. 학위논문에서는 코딩 과정 및 연구자의 분석 노트와 같은 자료를 부록에 첨부할 수 있다. 또한 연구의 주관성(subjectivity statement)을 기술하여 연구자가 연구를 수행하는 동안 주관적 개입이 연구결과에 어떻게 반영될 수 있는지를 알리는 것도 신뢰성을 얻는 데 도움이 된다.

두터운 기술(thick description)은 전이성(transferability)과 관련이 있다. 연구에서 전이성을 고려한다면, 연구자는 연구 맥락, 연구 과정, 참여자, 그리고 연구자와 참여자 간의 관계 등을 포함한 충분한 정보를 제공하여, 독자들이 연구결과가 어떻게 전이될 수 있는지를 판단할 수 있도록 지원한다(Morrow, 2005). 학위논문 또는 학술논문작성 때, 신뢰성을 확보하고자 하는 연구자는 두터운 기술을 적용하여 자료수집 및 자료분석 과정을 본문에 상세하게 기술하거나 연구 과정과 관련된 자료를 부록에 첨부할 수 있다.

3 질적연구논문 작성하기

질직연구를 수행한 논문은 양적연구와 유사한 형식을 갖추고 있지만, 연구결과를 전달하는 과정은 다르다. 일반적으로 학위논문과 학술논문의 세부 구성요소는 같다. 차이가 있다면 학술논문의 경우, 학술지의 편집 규정에 따라 논문 분량이 제한되어 있다

(20장~30장). 질적연구 논문의 주요 특성을 순차적으로 설명하면 다음과 같다.

표 III-7 질적연구 논문의 세부 구성 요소

질적연구 논문 구성	질적연구 논문 세부 구성	학위논문	학술논문
제목/소제목	▪ 제목: 소제목	✓	✓
국문초록/영문초록	▪ 국문초록, 영문초록	✓	✓
국문/영문 키워드	▪ 국문 키워드/영문 키워드	✓	✓
Ⅰ. 서론	▪ 연구의 필요성	✓	✓
	▪ 연구목적 및 연구 질문	✓	✓
Ⅱ. 선행연구	▪ 선행연구 분석	✓	✓
	▪ 연구 분석 틀	선택	선택
Ⅲ. 연구방법	▪ 이론적 관점	✓	✓
	▪ 참여자 및 장소	✓	✓
	▪ 자료수집	✓	✓
	▪ 자료분석	✓	✓
	▪ 신뢰성	✓	✓
	▪ 연구자의 주관성	✓	선택
Ⅳ. 결과	▪ 결과 요약(그림, 도표 등 활용)	✓	✓
	▪ 범주별 상세기술	✓	✓
Ⅴ. 논의 및 결론	▪ 연구목적 기술	✓	✓
	▪ 연구결과 요약	✓	✓
	▪ 연구결과의 학문적 기여도	✓	✓
	▪ 정책 제언	✓	✓
	▪ 연구 한계 및 후속 연구 방향 제안	✓	✓
	▪ 마무리	✓	✓
부록	▪ IRB 승인문서(동의서, 모집문건 등) ▪ 인터뷰 가이드 ▪ 코딩결과표 등	✓	선택
참고문헌	▪ 참고문헌	✓	✓

가. 초록

초록은 연구의 주요 내용을 간결하게 소개하는 연구 개요로, 연구목표, 연구방법, 연구결과, 연구함의 등을 포함하고 있으며, 독자들이 논문을 선택하거나 읽을지를 판단하는 중요한 기준으로 활용된다(Hennink et al., 2020). 특히 연구방법 부분에서는 자료수집 및 분석 방법 절차를 포함하고 연구결과는 연구의 가장 핵심적인 내용을 요약한 후, 해당 결과가 학계와 현장에 미칠 영향과 중요성을 강조한다.

〈국문초록〉

이 질적연구는 미국에 거주하고 있는 아시아계 미국 학생들의 경험을 통해 그들의 이중 문화 삶을 이해함에 목적을 두고 있다. 미국 플로리다주 연구중심 대학교에 재학 중인 3명의 아시아계 학생들이 자발적으로 참여하였으며, 각각 두 번에 걸친 심층 면담(interview & theoretical sampling)을 통해 자료를 수집하였다. 또한 연구자는 면담 자료들을 분석하기 위해서 구성주의적 근거이론을 사용하였으며(constructivist grounded theory), 분석과정을 통해 다음과 같은 결과를 끌어냈다. 학생들은 두 개의 서로 다른 문화 환경에 적응하는 과정에서 내적 갈등을 경험하고 있었다. 먼저, 자신을 미국인(American identity)으로 바라보는 학생들은 자신을 아시아계 미국인(Asian American)으로 바라보는 학생들보다 내적 갈등을 더 경험했다. 학생 대부분은 아시안 문화에 의한 학업 동기로 인해 성공적인 학문적 삶을 살아가는 반면 사회적 삶을 발전시키기 위한 기회는 제한되거나 많이 갖지 못하고 있었다. 또한 이들은 스스로가 높은 학문적 성취도를 가졌음에도 불구하고 그들에게 주어지는 외적인 학업 동기(예: 모델 마이너리티 이미지)에 의해 내적 갈등을 경험하기도 했다. 결국, 학생들은 두 가지 문화를 함께 발전시키는 과정에서 미국 사회 안으로의 사회적 통합을 이루는 데 많은 어려움을 경험하고 있었고, 그로 인해 낮은 정서적 안정감을 경험하고 있음을 알 수 있었다. 연구결과는 한국교육에 다음과 같은 시사점을 제시하고 있다. 오늘날 한국 사회는 다문화사회를 이루어가고 있다. 이 연구결과는 한국 학교 행정가들에게 다문화 층을 이루는 학생들을 이해할 기회를 주고 또한 그들을 위한 적절한 지원 프로그램들을 개발하는데 기초적인 정보를 제공하였다는 데 의의가 있다.

출처: 김선영(2014a), p.135.

나. 서론 및 선행연구

서론과 선행연구 분석은 하나의 장으로 통합하거나 별도로 구분하여 제시한다. 이 영역에서는 '연구자가 선택한 연구주제가 왜 필요한가?'를 이해해야 하고, 문제의식, 문헌분석 등을 통해 연구 목적과 연구 질문을 도출해야 한다. 질적연구에서는 연구 질문이 수정될 수 있다. 따라서 지나치게 한정적인 질문 대신, 적절한 범위의 연구 질문을 설정함으로써 연구 과정 중 발생할 수 있는 '수정'에 대처해야 한다. 선행연구 분석은 연구주제와 관련된 이미 알려진 내용을 조사하고, 질적연구가 채워야 할 부분을 중심으로 검토하여 연구의 중요성을 논리적으로 입증하는 단계이다(Hennink et al., 2020).

연구를 시작할 때 이론적 배경이 충분하면 분석에 편견이 생길 수도 있지만, 질적연구에서 문헌조사는 필요하다. 연구를 시작할 때 이론적 배경이 부족하면, 연구자는 기대했던 것과는 다르게 아무것도 관찰하지 못하거나 현장의 모든 것에 압도당할 수 있기 때문이다(Hatch, 2002, 2008). 특히, 초보 연구자의 경우 자신의 연구주제와 관련된 지식이 없다면 현장에서 아무것도 볼 수 없다.

질적연구에서 **이론적 관점**(theoretical perspective)은 중요하다. 이는 연구자에게 자료를 다양한 시각에서 접근하고 해석할 수 있는 기반을 제공하기 때문이다. 질적연구를 수행하는 연구자는 페미니즘(feminism), 구성주의(constructivism), 상징적 상호작용(symbolic interaction), 포스트 모더니즘(post modernism) 등 다양한 이론적 관점을 통해 연구의 통찰력을 얻는다. 그러나 학위논문에서 요구하는 이론적 틀은 질적연구에서 말하고자 하는 이론적 관점과는 차이가 있다. 만약 질적 연구자가 자신의 학위논문에서 학문 분야의 이론적 틀을 적용했다면, 이는 질적연구를 통해 얻은 자료를 활용하여 기존의 이론이나 모델을 검증하거나 다시 한번 내용을 재생산하는 과정으로 사용하는 것과 같다(Mayan, 2009).

예를 들어, 초보 연구자가 흔히 하는 실수 중 하나는 '○○이론'의 4단계 과정을 분석 틀로 가져와서 자신이 수집한 자료를 그 틀에 맞추어 분류하는 경우이다. 이때, 4단계에 포함되지 않는 코딩 결과물은 무시되거나 버려질 수 있다. 만약 연구자가 '○○이론'을 적용하지 않았다면, 버려진 항목들은 의미 있는 주제로 발전될 수도 있었을 것이다. 따라서 질적 연구자는 수집한 자료에서 의미 있는 결과를 발견하고, 이러한 결과가 기존 이론과 어떻게 다른지를 명확히 밝히는 방향으로 전개하는 것이 좋다.

다. 연구방법론

연구방법론은 연구 과정에서 자료수집과 분석이 어떻게 수행되었는지 상세히 기술하는 섹션이다. 연구방법론의 투명성은 연구의 엄격성을 유지하고 연구결과의 타당성을 높일 수 있다는 측면에서 중요하다(Hennink et al., 2020). 학위논문에서 연구방법론은 '이론적 관점(theoretical perspective)', '참여자 및 장소(participants and academic setting)', '자료수집(data collection)', '자료분석(data analysis)', '연구 타당도/신뢰도(validity)', '주관성(subjectivity statement)', '한계(limitation)' 등과 같은 요소를 포함할 수 있다.

표 III-8 연구방법론 구성요소 및 작성 예시

연구방법론 구성요소		학위/학술논문 연구방법론 작성 예시
1	이론적 관점	▪ 연구자가 선택한 이론적 관점 및 모델은 무엇이고, 이 연구에서 왜 선택되었는지를 설명한다. ➡ 예시: constructivism, feminism, ethnography 등 소개

<table>
<tr><th colspan="2">연구방법론 구성요소</th><th>학위/학술논문 연구방법론 작성 예시</th></tr>
<tr><td>2</td><td>참여자 및 장소</td><td>

- 자료를 수집한 장소를 소개한다.
- 참여자의 배경을 기술한다(나이, 출생, 학교, 특이사항 등).
- 전체 참여자 핵심 정보를 도표로 제시한다.

〈예시〉

<table>
<tr><th>참여자
(가명)</th><th>성별</th><th>나이</th><th>입학
년도</th><th>학과</th><th>학위
과정</th><th>거주</th></tr>
<tr><td>김하나</td><td>여</td><td>21</td><td>2022.03</td><td>국어교육과</td><td>학부</td><td>기숙사</td></tr>
<tr><td>이두리</td><td>여</td><td>22</td><td>2021.03</td><td>경제학과</td><td>학부</td><td>통학</td></tr>
<tr><td>박삼국</td><td>남</td><td>26</td><td>2017.03</td><td>기계공학부</td><td>학부</td><td>자취</td></tr>
</table>

- 특정 장소 및 참여자는 익명/가명으로 처리한다.
  - ➡ 예시: 중부권 지역 ○○대학, 햇살좋은학교
  - ➡ 예시: 참여자#1, 참여자#2... 김하나, 이두리... 교사#1, 교사#2... A교장, B교장... 박교사, 김교사... 박○○, 김○○...

</td></tr>
<tr><td>3</td><td>자료수집</td><td>

- 자료수집 기간을 기술한다. 자료수집이 여러 차례 진행될 경우(1차, 2차, 3차 등) 기간을 도표로 정리하여 작성한다.

〈예시〉

<table>
<tr><th>참여자
(가명)</th><th>1차 인터뷰</th><th>2차 인터뷰</th><th>3차 인터뷰</th></tr>
<tr><td>김하나</td><td>2023.7.10(75분)</td><td>2023.9.12(65분)</td><td>2023.11.15(40분)</td></tr>
<tr><td>이두리</td><td>2023.7.15(80분)</td><td>2023.9.19(60분)</td><td>2023.11.26(45분)</td></tr>
<tr><td>박삼국</td><td>2023.7.25(65분)</td><td>2023.9.29(65분)</td><td>2023.11.30(30분)</td></tr>
</table>

- 자료수집 내용 및 방법을 기술한다.
  - ➡ 예시: 이번 연구는 심층 면담을 통해 자료를 수집했다. 심층 면담(In-depth interview)이란...
- 참여자 모집 과정을 구체적으로 기술한다.
  - ➡ 예시: 선택한 표집 방법(목적 표집, 이론적 표집 등)을 기술
  - ➡ 예시: 참여자 모집을 위한 광고 절차(모집 방법)를 기술

</td></tr>
</table>

연구방법론 구성요소		학위/학술논문 연구방법론 작성 예시
		▪ 자료수집 과정을 상세히 기술한다. ➡ 예시: 면담을 통해 자료수집을 했다면, 면담 횟수, 각 면담에 소요된 시간, 면담 가이드 내용 등을 기술하고, 면담과 관련하여 참여자에게 무엇을 설명했는지, 참여자의 반응은 어떠했는지, 면담 중에 발생한 문제는 무엇이었는지를 기술 ▪ 새로운 용어 및 이론 등은 이해를 돕기 위해 설명한다. ➡ 예시: 연구자는 자료수집을 위해 이론적 표집을 추가하였다. 이론적 표집(theoretical sampling)이란...
4	자료분석	▪ 자료분석을 소개한다. ➡ 예시: 연구자가 선택한 분석 방법 및 과정을 소개, 연구에서 적용한 분석 단계별 과정 및 도출된 결과 예시, 도출된 항목을 일목요연하게 도식, 도표로 작성
5	타당도/신뢰도	▪ 연구의 진실성을 확보하기 위한 노력을 기술한다. ➡ 예시: 참여자 검토(member check), 동료 검토(peer review) 등 신뢰도와 타당도를 확보할 수 있는 다양한 방법을 소개한 후, 연구에서 실제로 적용한 방법을 구체적으로 기술
6	연구의 주관성	▪ 연구자의 주관적 편향을 극복하기 위한 절차적 전략을 기술한다.

라. 연구결과

자료분석이 마무리되면 분석 결과를 기술해야 하는데, 일반적으로 보고서의 결과 부분에서 상세히 다루어진다. 연구자는 여러 번의 분석적 메모를 작성하고 분류하며 종합하는 작업을 거친 후 결과 부분에서 개념화된 내용을 최종 제출 형식에 맞게 기술해야 한다. 만약 연구자가 면담을 수행했다면 **인용문**(quotations)을 포함하여 결과를 제시할 수 있다. 인용문은 연구의 타당성을 입증하는 데 활용되지만, 과도하거나 긴 인용문은 독자들의 흥미를 떨어뜨릴 수 있으므로 유의해야 한다(Hennink et al., 2020). 특히, 긴 인용문을 포함한 수십 장의 연구결과는 학술지에서 페이지 수가 제한되는 현실 때문에 투고 과정에서 갈등이 발생할 수도 있다. 그럼에도 불구하고, 연구방법과 결과를 자세히 기술하는 이유는 절차적 엄격성을 강조하고, 독자가 연구결과를 올바르게 해석할 수 있도록 충분한 맥락을 제공하기 위함이다(Hennink et al., 2020). 다만 현실적인 상황을 고려한다면, 연구결과를 정확하게 반영하면서도 명료하고 간결하게 제시해줄 필요가 있다. 예를 들어, 범주에 대한 연구자의 해석을 체계적으로 기술한 후 해석을 뒷받침할 수 있는 현장의 목소리(인용문)를 선별하여 제시한다. 연구자의 해석보다 인용문이 많이 기술되지 않도록 유의해야 하며, 이때 인용문은 결과를 잘 드러낼 수 있는 핵심적인 내용으로 구성되어야 한다. 인용문 제시는 참고문헌 인용 규칙(APA 등)에 따라 다르지만, 보통은 직접인용과 간접인용으로 나뉘어 제시할 수 있다.

인용문 제시 방법 및 예시

〈해석〉...	〈해석〉...
[인용문]	[인용문] *-참여자#1번-*
〈해석〉...[인용문]................	[인용문] *-참여자#2번-*

1\. 시작하기: 보임에 대한 인식

학장이라는 보직은 '시기와 요청', '갈등', 그리고 '선택'이라는 과정에서 이루어진다. 학장 후보자는 단과대학을 위해 일할 '시기'가 된 사람이 '차례'가 된다. 내부적으로 선출된, 소위 일할 '차례'가 된 학장 후보자는 구성원의 요구를 받아들이고 2년간의 보직을 수행한다. 백 학장은 ○○대학을 위해 "지금은 내가 그 일[학장]을 맡아야 할 때"라고 생각했고, 구성원의 요구에 따라 학장이 되었다.

> [학장을 선출해야 할] 때가 되면 '이번에는 우리 조직에서는 누가 했으면 좋을까?' 비공식적인 논의를 해요. 그런 과정에 제가 학장을 했으면 좋겠다는 거론이, 우리 대학에서 있어서 형식적으로는 공모하는 과정을 거쳐서 했지만, 그 과정은 내가 속해있는 구성원들이 '지금쯤이면 우리 대학을 위해서 일을 해주었으면 좋겠다.'라는 요구가 있어서였어요. (백 학장)

암묵적인 '순서'에 의해 선출되는 학장은 장으로서의 '직접적인 권한'보다는 '봉사심' 또는 '책임감'이 요구되는 자리이다. 오 학장이 말하길, "○○ 단과대학에서는 학장이라는 게 특별히 권한이나 이런 것보다는 '내가 봉사해야 할 때이다.'라는 약간의 의무감? 책임감? 그런 것들이 많지 않았나 싶어요. 내가 학장을 할 차례였던 거죠." [중략]

출처: 김선영(2018), p.32.

가. 예상치 못한 장벽

[중략] 대부분의 교사들이 온라인 수업을 처음 접해 본 터라 영상을 촬영하고 그 완성본을 온라인상에 업로드 하는 데에도 많은 시간이 소요되었다. 박교사 또한 파워포인트 녹화를 통해 강의를 업로드하고 별도의 과제 부여를 통해 학생들에게 피드백을 받는 식으로 온라인 수업을 진행해 갔다. 그러나 파워포인트 녹화 중에 오디오가 제대로 작동되지 않아 처음부터 다시 녹화하는 등의 여러 번의 시행착오를 거치기도 하였다.

> 작년엔 과목 성적도 그렇지만 과목에 대한 흥미도 많이 떨어졌죠. 왜냐하면 실습 위주인데 그러한 실습을 전혀 못 하고 이론 수업만 하다 보니까 그게 젤 아이들한테 미안하기도 했고요. 제가 좀 더 다양하게 온라인 수업을 해야 했는데, 저도 처음이라 그저 강의 영상 만드는 것만 급급해서 (2021년 6월 20일 박교사와의 인터뷰 대화 중에서)

> 옛날에 제가 처음 학교에 왔을 때는 주당 20시간도 하고 막 그랬거든요. 근데 비수능교과다 보니(하하하) 그때는 다른 과목에 비해 시수가 많아서 힘들었지만, 실습도 많이 할 수 있으니까 애들이 정말 좋아했어요. 전 다른 학교에 비해 이런 조리 실습을 많이 하는 게 우리 학교 가정 과목의 장점이라고 생각했거든요.(2021년 7월 5일 박교사와의 인터뷰 대화 중에서)

출처: 권신영(2021), p.420.

마. 논의 및 결론

논의 및 결론은 연구결과를 종합적으로 해석하여 독자에게 연구의 가치를 전달하는 마지막 단계이다. 논의 구성은 연구결과의 요약, 결과해석 및 논의, 정책제언, 연구한계, 후속연구 제안 등이 포함된다. 결론은 새로운 정보를 제시하는 것이 아닌, 이전까지 논의한 내용을 간결하게 정리하고 핵심 메시지를 강조하며 논문을 마무리하는 단계이다. 따라서 질적연구결과를 간략히 요약한 후 중요한 요점을 강조한 다음 논문 작성을 완료한다.

- 연구목적: 연구의 목적을 다시 한번 기술하며 논의를 시작한다.
- 결과요약: 본문의 결과를 그대로 재현하기보다는 결과에서 가장 핵심적인 내용을 요약하여 간략히 기술한다. 핵심 결과의 기술은 연구자가 초기에 소개했던 연구 질문에 대한 답을 하는 것이다.
- 결과논의: 다양한 이론 등 관련 주제의 선행연구를 비교하며 연구결과를 해석한다. 초기 단계의 선행연구는 연구의 방향을 제시하는 역할을 한다면, 논의단계의 선행연구는 연구자에게 결과를 더 깊게 이해하고 효과적으로 해석할 수 있는 통찰력을 제공하여 연구의 가치를 높이는 데 기여한다.
- 정책제언: 연구결과를 기반으로 해당 문제/주제에 관해 실행 가능한 해결책을 제시한다. 특히 연구주제에 흥미를 느끼는 독자를 고려하여 구체적이고 현장 중심적인 제언을 하는 것이 적절하다.
- 후속연구: 논의과정에서 확장이 필요하다고 생각되는 연구주제/연구 분야를 제안한다.
- 결론: 연구의 가치를 다시 한번 강조하며 한 단락으로 마무리한다.

V. 결론

결과 요약

본 연구 결과, 행복초등학교는 교사공동체를 통해 수업혁신을 꾀하고 교사들의 전문성을 발달시키고 있었으며 협력적 교직문화와 수업중심 학교로 교직문화를 바꾸어 나가고 있었다. 수업혁신을 위해 행복초등학교에서는 교사들에게 행정업무를 전혀 부과하지 않았으며 여러 가지 교사모임을 통해 교사공동체를 형성하고 활성화시키고 있었다. 행복초등학교에서의 교사공동체는 단위학교 그 자체를 교사공동체로 볼 수 있으며, 학교 내 여러 다양한 교사모임으로 교사공동체를 통한 수업혁신이 가능하였다. 교사들은 교사공동체를 통해 자신의 수업에 대해 성찰하여 전문성을 신장시켜나갔으며 교사협력을 통해 수업혁신을 꾀했다. 수업에서의 주된 변화로, 교사들은 학생에 대한 인식이 변화하였으며 학생에 대한 수용력이 커지고 발달에 대한 관심을 갖게 되었다. 또한 교사들은 학생들의 감수성과 감각을 일깨우는 활동 위주의 전인적 수업을 하고 있었다. 행복초등학교에서는 교사들이 서로 협력하고 수업에 대해 적극적으로 논의하는 교직 문화를 형성해나가고 있었으며, 이에 따라 교사들의 수업 역시 지속적으로 변화해나가고 있었다.

연구 논의

본 연구 결과가 제시하는 바는 다음과 같다. 우선, 본 연구 결과는 수업혁신을 위해서는 단위학교 차원의 제도적 지원이 매우 중요하다는 점을 보여준다. 구체적으로 행복초등학교에서는 행정전담팀을 운영하여 교사들로 하여금 수업혁신에 매진할 수 있게 하였으며, 여러 가지 교사모임을 운영하여 교사공동체를 형성하고 활성화시켜 교사들의 협력적 수업연구를 가능케 하였다. 여러 가지 교사모임을 통해 활성화된 행복초등학교 교사공동체는 수업혁신과 교사전문성 향상을 가져왔을 뿐 아니라 행복초등학교의 교직문화 역시 변화시켰다. 기존의 교직문화가 교사 개인주의, 고립화와 행정위주의 문화였다면, 행복초등학교에서는 교사들 간에 수업에 대한 논의가 자연스러운 문화, 교사의 유능함이 행정업무가 아닌 교과교육과 생활교육에 있는 문화, 학교에서 행정이 아니라 수업이 위주가 되는 문화가 형성되고 있었다. 학교 안에서의 제도의 변화는 혁신학교가 추구하는 수업혁신과 교육공동체의 형성, 그리고 교사 전문성 함양에 기여하였으며 이는 동시에 교직문화를 수업 위주로 변화시키게 되었다.

두 번째로, 본 연구결과는 수업혁신을 위해서는 교사공동체가 매우 중요하며, 이는 교사

<중략>

연구 한계 후속 연구

본 연구의 한계와 그에 따른 후속연구는 다음과 같다. 우선 본 연구는 교사들의 면담에 주로 기반한 연구이므로 다음과 같은 한계를 가진다. 면담에서 교사들이 교사공동체에서 받은 영향과 수업에서의 변화를 이야기할 때, 교사들이 스스로 인식할 정도로 매우 커다란 영향과 변화만이 제시되었을 가능성이 크다. 곧, 교사공동체에서의 영향 중 교사들이 미처 인식하지 못하는 소소한 영향과 수업에서의 점진적인 변화는 면담에서 보고되지 않았을 가능성이 있다. 이는 장기간의 관찰과 면담이 함께 수행되어야 포착될 수 있을 것이다. 또한, 본 연구에서는 교사들의 수업혁신 경험에 초점을 맞추어 전문성 신장과 수업의 변화를 살펴보았지만, 이를 학습자 차원에서도 살펴볼 필요가 있다. 곧, 실제로 수업혁신이 학생들의 학습결과에 어떠한 영향을 미쳤는지 장기적으로 살펴보는 후속 연구가 필요하다. 마지막으로, 연구참여자의 특성에 따른 연구의 한계 역시 존재한다. 본 연구에서는 혁신학교의 교육에 공감하고 수업혁신에 열의를 가진 교사를 그 대상으로 하였기 때문에, 본 연구 결과가 혁신학교의 모든 교사에게 적용된다고 단정짓기 어렵다. 곧, 본 연구에서 나타난 교사공동체를 통한 수업혁신과 교사 전문성 신장에 대한 교사들의 경험은 혁신학교의 모든 교사에게 일반화될 수 없을 것이다. 후속 연구로서 혁신학교의 수업혁신의 방향에 공감하지 않는 교사들이 교사공동체에서 어떻게 활동하며, 교사공동체에서 어떠한 영향을 받고 있는지, 수업을 어떻게 개선하고 있는지에 관한 연구 역시 필요하다.

출처: 윤석주(2016), pp.236-238.

V. 결론 및 논의

연구 목적

이 질적 연구의 목적은 이공계열 교수들이 학장을 수행하는 동안 경험했던 고충은 무엇이고 어떻게 적응했는지를 이해하기 위함이다. 이 연구의 결론은 다음과 같다. 첫째, 학장들이 조직의

결과 요약

장으로서 경험하는 역할 내 갈등은 대학의 구조적 시스템(관행에 의해 통제되는 시스템, 불균형적인 권력 관계, 행정적 의존, 대학 구성원과의 소통 문제)이 주요 원인이었다. 이들은 역할 내 갈등을 해결하기 위해서 개인적 차원의 리더십(적극적인 소통, 정보의 공유, 학장의 권한을 위임하는 등의 관계 지향적 측면에서의 절충)을 적극 활용하였다. 둘째, 학장들이 보직 수행 과정에서 경험하는 역할 간 갈등은 행정가와 연구자로서의 역할에 따른 내적인 갈등(연구와 행정사이에서 시간싸움)이 주요 원인이었다. 역할 간 갈등은 보직수행에서 멀어지는 순간 극복되는 문제였기 때문에 학장 임기동안 지속적인 갈등의 원인이 되었다. 결론을 토대로 논의될 내용은 다음과 같다. **<중략>**

둘째, 이번 연구에서 실험실을 운영하는 이공계 교수들은 학장이라는 임시직, 그리고 교수라는

논의

평생직 사이에서 행정과 연구로 인한 내적 갈등을 경험했다. 행정과 연구 병행의 어려움은 대부분의 행정 보직 교수들이 경험하는 문제일 것이다(양승일, 김일혁, 2009). 보직을 수행하는 순간, 교수들은 개인 연구 시간을 희생하며 무한한 행정 업무에 많은 시간을 할애하고, 결과적으로 역할간의 내적갈등을 경험하게 된다(이석열, 2009). 물론 시간이 흐를수록 행정가로서의 리더십 역량이 발전될 수도 있겠지만 대부분의 학장들은 학장 임기 후 되돌아가야 하는 교수로서의 업무의 연속성 때문에 학장의 업무에 크게 몰입하기도 어려운 실정이다(왕규창, 2008). 결국 이번 연구에서도 나타났듯이 행정도 연구도 제대로 할 수 없는 안타까운 상황이 발생하게 된다.

연구에 몰입할 수 없음은 이공계 학장들이 경험하는 가장 큰 자기희생이다. 학장들은 행정을 담당하는 시간이 길어질수록 연구 경쟁력이 떨어졌다. 본 연구의 참여자들은 2년 동안 논문을 거의 내지 못했거나 기대치에 못 미치는 논문을 게재했으며 연구비확보(연구비감소)에 어려움을 경험했다. 학장 임기를 마친 교수들은 연구 경쟁력을 회복하기 위해서 고군분투하지만 다시 연구 대열에 합류하기가 쉽지 않았다. 왜냐하면 다른 연구자들(5년간 연구논문을 확보한 일반 이공계 교수들)에 비해 이들의 연구 경쟁력(학장 임기/후를 제외한 2-3년간의 연구논문 및 수준)은 상대적으로 낮기 때문이다. 산술적으로 학장 임기 2년이더라도 다시 회복하는 시간까지 포함하면 적어도 2년 이상의 연구자로서 손해를 보게 된다. 이들에게 보직 수행은 자신의 식견을 펼쳐 보이는 장이 될 수 없는 이유이기도 하다. 안타깝게도 제도적으로 이공계 교수들을 위한 연구심의 및 평가는 이러한 상황이 반영되지 않은 채 진행되고 있다. 결국 이공계 학장들은 자신의 연구 경쟁력 상실 속에서 다른 이공계 교수들의 연구 활동을 지원해주는 '자기희생'을 감내해야만 한다.

연구와 행정이 한 쌍이 될 수 없기에 학장들이 선택하는 최선의 방법은 보직에서 멀어지는 것이다. 이러한 결론에 다다른 학장들은 실험실을 운영하는 교수들이 보직을 기피하는 현상을 이해할 수밖에 없다고 했다. 교수들의 보직 기피현상은 일부 연구를 통해 이미 밝혀진 내용이지만 (Smith & Stewart, 1999, Wolverton & Gmelch, 2002). 이번 연구는 특히 이공학 계열 교수들의 보직 기피 원인을 밝혀냈다는데 의의가 있다.

제언

이처럼 연구와 행정을 병행할 수 없음을 경험한 교수들을 위한 대안은 행정전담 전문교원을 활성화하는 방안이다. 일부 대학에서는 실무중심의 행정전담 전문 인력을 확보하고 기존 보직수행의 문제점(예, 순환보직으로 인한 전문성 결여, 연구 경쟁력 상실)을 해결해 나가기도 한다. 행정 전담 전문 인력 풀(pool)을 대학 내 구성하는 것도 또 하나의 방법이 될 수 있다. 대학 교원은 잠재적 교육 행정가이다(Bisbee, 2007). 연구영역 및 업적평가로부터 어느 정도 자유로운 교수들로 구성된 인재 풀(pool)을 구성하여 행정에 전념할 수 있도록 제도화 하는 방안도 고려해 볼 수 있다. 이번 연구에서도 나타났듯이 보직을 마치고 본직으로 돌아간 교수들의 대외 연구경쟁력은 약할 수밖에 없었는데, 이들은 자신들이 처했던 상황(예: 과중한 행정업무)이 고려되지 않은 채 연구역량이 동료들과 같은 기준으로 평가되어질 때 안타까움을 경험하기도 했다. 대학교육에서 교수 역량이 교육과 연구 뿐 아니라 봉사를 통해 완성됨을 생각할 때, 봉사차원으로 수행했던 보직경험을 연구심의 및 평가(예: 연구과제 선정 등)에 반영하거나 제도적으로 새로운 트랙을 개발하여(예: 60세 연구자 지원트랙 등) 지원될 수 있다면 교수들의 교수 역량도를 높은 수준으로 제고할 수 있을 것으로 본다. 이러한 노력을 통해, 젊은 교수들의 보직 기피현상, 보직을 했던 사람에게만 보직이 편중되는 현상, 개인 희생이 강요되는 현상, 마지막으로 행정에 몰입할 수 없는 상황으로 인한 보직 교수들의 전문성 결여 등이 조금이나마 해소 될 수 있을 것으로 보고, 종국적으로는 대학행정의 전문성 함양을 위한 새로운 패러다임이 제시될 것으로 본다.

출처: 김선영(2018), pp.40-42.

더 읽어보기

1) 인터뷰 개발 및 가이드 작성

- 김영천, 이동성, 황철형(2010). 다문화가정 학생 연구를 위한 인터뷰 가이드의 개발과정. 다문화교육연구, 3(2), 1-30.
- 조재성(2019). 심층면담 가이드 개발에 관한 방법적 탐구. 질적탐구, 5(1), 29-52.
- Jacob, S. A., & Furgerson, S. P. (2012). Writing interview protocols and conducting interviews: Tips for students new to the field of qualitative research. *The Qualitative Report*, *17*(6), 1-10.
- Roberts, R. E. (2020). Qualitative interview questions: Guidance for novice researchers. *The Qualitative Report*, *25*(9), 3185-3203.

2) 질적연구 자료분석 방법

- 최성호, 김영천(2017). 질적자료분석 방법으로서 영역 분석. 질적탐구, 3(1), 133-155.
- Cascio, M. A., Lee, E., Vaudrin, N., & Freedman, D. A. (2019). A team- based approach to open coding: Considerations for creating intercoder consensus. *Field Methods*, *31*(2), 116-130.
- Charmaz, K. (2011). Grounded theory method in social justice research. In N. K. Denzin, & Y. S. Lincoln(Eds), *The sage handbook of qualitative research*. Sage. 도승이 역(2014). 질적연구 핸드북(pp.531-563). 아카데미프레스.

- Glaw, X., Inder, K., Kable, A., & Hazelton, M. (2017). Visual methodologies in qualitative research: Autophotography and photo elicitation applied to mental health research. *International Journal of Qualitative Methods*, *16*(1), 1-8.
- Morgan, H. (2022). Understanding thematic analysis and the debates involving its use. *The Qualitative Report*, *27*(10), 2079-2091.

3) 질적연구 타당도 방법, 사례, 이슈

- 조재식, 김영천, 허창수(2006). 교육학/교육과정 연구에서 질적 연구자가 고려해야 하는 타당도 이슈들: 그 다양한 접근들의 이해. 교육과정연구, 24(1), 61-96.
- Amankwaa, L. (2016). Creating protocols for trustworthiness in qualitative research. *Journal of Cultural Diversity*, *23*(3), 121-127.
- Caretta, M. A., & Pérez, M. A. (2019). When participants do not agree: Member checking and challenges to epistemic authority in participatory research. *Field Methods*, *31*(4), 359-374.
- Stahl, N. A., & King, J. R. (2020). Expanding approaches for research: Understanding and using trustworthiness in qualitative research. *Journal of Developmental Education*, *44*(1), 26-28.
- Thomas, E., & Magilvy, J. K. (2011). Qualitative rigor or research validity in qualitative research. *Journal for Specialists in Pediatric Nursing*, *16*, 151-155.

4) 질적연구 글쓰기

- 김영천, 주재홍(2010). 질적 연구에서의 글쓰기. 열린교육연구, 18(1), 155-183.
- 이동성(2019). 자문화기술지의 방법적 이슈와 글쓰기 전략. 질적탐구, 5(2), 1-28.

참고문헌

권신영(2021). 고등학교 경력 교사의 온라인 수업 경험에 대한 내러티브 탐구. 질적탐구, 7(3), 411-441.

김선영(2014a). 모델 마이너리티 이미지에 가려진 어려움: 다문화 환경 속에서 동아시아계 미국 학생들이 경험하는 갈등들. 교육문화연구, 20(2), 135-171.

김선영(2014b). 성 소수자 바라보기: 학생들의 성 소수자에 대한 태도연구. 교육학연구, 52(2), 23-52.

김선영(2018). 단과 대학장들의 보직 수행에서 겪는 고충과 적응 방식: 이공학 계열 대학장들의 경험을 중심으로. 교육문화연구, 24(3), 25-45.

김영천, 이동성, 황철형(2010). 다문화가정 학생 연구를 위한 인터뷰 가이드의 개발과정. 다문화교육연구, 3(2), 1-30.

김영천, 주재홍(2010). 질적연구에서의 글쓰기. 열린교육연구, 18(1), 155-183.

김효진(2018). 자기 연구를 통한 유치원 대체교사 경험의 질적 탐구. 유아교육학논집, 22(5), 111-137.

윤석주(2016). 혁신학교 교사들의 교사공동체를 통한 수업혁신 경험에 대한 질적 연구. 한국교원교육연구, 33(1), 217-241.

이동성(2019). 자문화기술지의 방법적 이슈와 글쓰기 전략. 질적탐구, 5(2), 1-28.

장은혜(2021). 청소년의 자해 경험에 대한 질적 사례 연구: 거기서 기다리는 나는 없다. 교육인류학연구, 24(4), 193-225.

조재성(2019). 심층면담 가이드 개발에 관한 방법적 탐구. 질적탐구, 5(1), 29-52.

조재식, 김영천, 허창수(2006). 교육학/교육과정 연구에서 질적 연구자가 고려해야하는 타당도 이슈들: 그 다양한 접근들의 이해. 교육과정

연구, 24(1), 61-96.

최성호, 김영천(2017). 질적자료분석 방법으로서 영역 분석: 그 다양한 방법들의 탐색. 질적탐구, 3(1), 133-155.

Adler, P. A., & Adler, P.(2003). The reluctant respondent. In J. A. Holstein & J. F. Gubrium (Eds.), *Inside interviewing: New lenses, new concerns* (pp.153 -173). Thousand Oaks, Sage.

Amankwaa, L. (2016). Creating protocols for trustworthiness in qualitative research. *Journal of Cultural Diversity, 23*(3), 121-127.

Boeije, H. R. (2010). *Analysis in qualitative research*. Sage.

Caretta, M. A., & Pérez, M. A. (2019). When participants do not agree: Member checking and challenges to epistemic authority in participatory research. *Field Methods, 31*(4), 359-374.

Cascio, M. A., Lee, E., Vaudrin, N., & Freedman, D. A. (2019). A team-based approach to open coding: Considerations for creating intercoder consensus. *Field Methods, 31*(2), 116-130.

Charmaz, K. (2000). Grounded theory: Objectivist and constructivist methods. In N. K. Denzin & Y. S. Lincoln(Eds.), *Handbook of qualitative research* (pp.507-536). Thousand Oaks, Sage.

Charmaz, K. (2006). *Constructing grounded theory: A practical guide through qualitative analysis*. Sage. 박현선, 이상균, 이채원 공역(2013). 근거이론의 구성: 질적분석의 실천 지침. 학지사.

Charmaz, K. (2011). Grounded theory method in social justice research. In N. K. Denzin, & Y. S. Lincoln(Eds), *The sage handbook of qualitative research*. 도승이 역(2014). 질적연구 핸드북(pp.531 -563). 아카데미프레스.

Charmaz, K. (2014). *Constructing grounded theory*. Sage.

Creswell, J. W. (2015). *Educational research: Planning, conducting, and evaluating quantitative and qualitative research(4th ed)* Upper Saddle River, Pearson Education.

Creswell J. W., & Poth, C. N. (2018). *Qualitative inquiry and research design: Choosing among five approaches*(4th ed). Sage. 조흥식, 정선욱, 김진수, 권지성 공역(2021). 질적연구방법론: 다섯 가지 접근. 학지사.

Creswell, J. W., & Miller, D. L. (2000). Determining validity in qualitative inquiry. *Theory Into Practice, 39*(3), 124-131.

Daiute, C. (2014). *Narrative inquiry: A dynamic approach*. Sage.

Glaw, X., Inder, K., Kable, A., & Hazelton, M. (2017). Visual methodologies in qualitative research: Autophotography and photo elicitation applied to mental health research. *International Journal of Qualitative Methods, 16*(1), 1-8.

Grbich, C. (2013). *Qualitative data analysis: An introduction*. Sage.

Hatch, J. A. (2002). *Doing qualitative research in education settings*. State University of New York Press. 진영은 역(2008). 교육상황에서 질적연구 수행하기. 학지사.

Hennink, M., Hutter, I., & Bailey, A. (2020). *Qualitative research methods*. Sage.

Jacob, S. A., & Furgerson, S. P. (2012). Writing interview protocols and conducting interviews: Tips for students new to the field of qualitative research. *The Qualitative Report, 17*(6), 1-10.

Kim, S. (2022). Student confidence, success, and retention: The impact of military experience on the college lives of Korean males. *The Qualitative Report 27*(1), 268-288.

Kim, S. Y. (2012). *Becoming bicultural: The conflict, negotiation, and integration of Korean American female undergraduate students*(dissertation). University of Florida.

Krueger, R. A., & Casey, M. A. (2015). *Focus groups: A practical guide for applied research(5th ed).* Sage.

Lichtman, M. (2013). *Qualitative research in education: A user's guide.* Sage.

Lincoln, Y. S., & Guba, E. G. (1985). *Naturalistic inquiry.* Beverly Hills, Sage.

Marshall, C., & Rossman, G. B. (2016). *Designing qualitative research (6th ed).* Sage.

Mayan, M. J. (2009). *Essentials of qualitative inquiry.* Walnut Creek, Left Coast Press.

Morgan, H. (2022). Understanding thematic analysis and the debates involving its use. *The Qualitative Report, 27*(10), 2079-2091.

Morrow, S. L. (2005). Quality and trustworthiness in qualitative research in counseling psychology. *Journal of Counseling Psychology, 52,* 250-260.

Poland, B. D. (2003). Transcription quality. In J. A. Holstein & J. F. Gubrium (Eds.), *Inside interviewing: New lenses, new concerns* (pp.267-287). Thousand Oaks, Sage.

Richards, L., & Morse, J. M. (2007). *Readme first for a user' s guide to qualitative methods.* Sage.

Ritchie, J., Lewis, J., & Elam, G., Tennant, R., & Rahim, N. (2014). Designing and selecting samples. In J. Ritchie & J. Lewis (Eds), *Qualitative research practice: a guide for social science students and researchers* (111-145). Sage.

Roberts, R. E. (2020). Qualitative interview questions: guidance for novice researchers. *The Qualitative Report, 25*(9), 3185-3203.

Rossman, G. B., & Rallis, S. F. (2017). *Learning in the field: An introduction to qualitative research.* Sage.

Roulston, K. (2022). I*nterviewing: A guide to theory and practice.* Sage.

Seidman, I. (2006). Interviewing as qualitative research: A guide for researchers in education and the social sciences. Teachers College Press. 박혜준, 이승연 공역(2009). 질적연구 방법으로서의 면담, 학지사.

Stahl, N. A., & King, J. R. (2020). Expanding approaches for research: Understanding and using trustworthiness in qualitative research. *Journal of Developmental Education, 44*(1), 26-28.

Succar, C. C. (2023). How two English Language Arts teachers' beliefs and practices impact their students' academic and emotional success. *The Qualitative Report, 28*(4), 1109-1124.

Thomas, E., & Magilvy, J. K. (2011). Qualitative rigor or research validity in qualitative research. *Journal for Specialists in Pediatric Nursing, 16*, 151-155.

기관생명윤리위원회 정보포털
https://irb.or.kr/menu02/commonDocument.aspx

경남대학교 연구윤리센터
https://www.kyungnam.ac.kr/sites/bc/index.do

Ⅳ

교육연구논문 완성하기

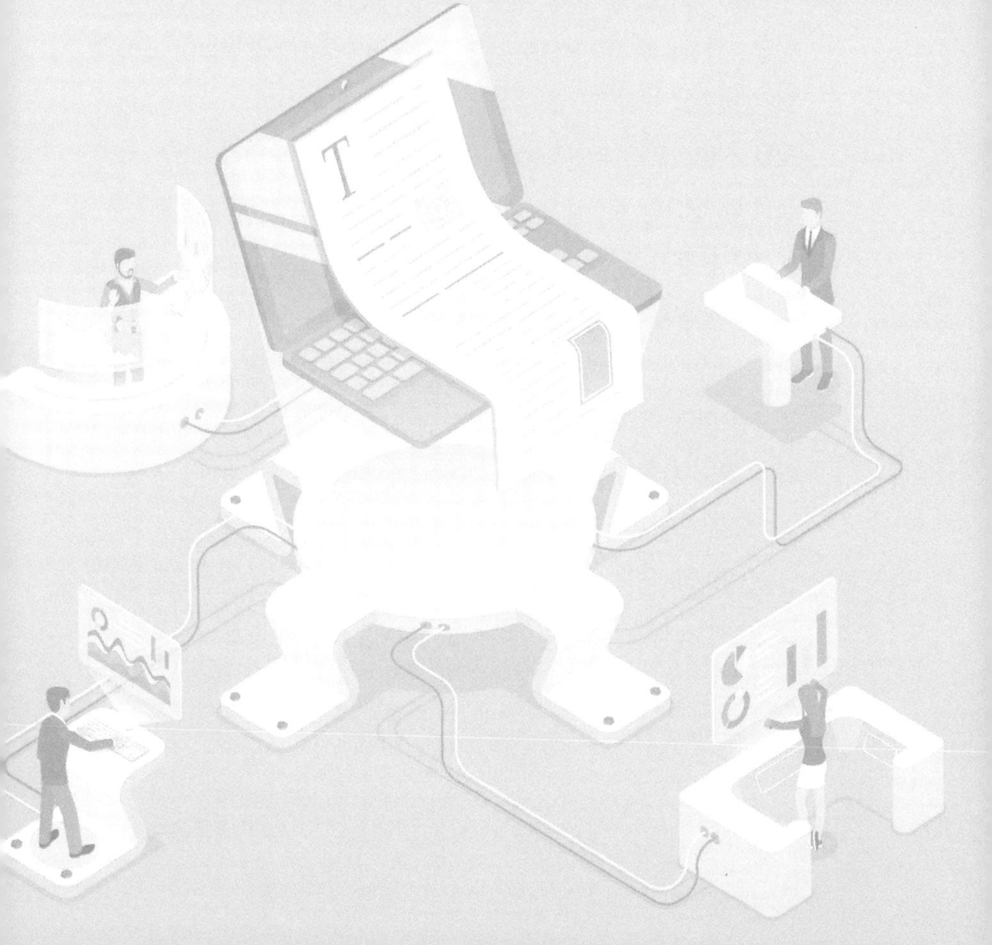

IV

교육연구논문 완성하기

박수정

연구주제를 정하고 선행연구를 검토한 후 연구 목적을 달성할 수 있는 방법을 설계하고 연구를 수행하였다. 이제 연구논문을 완성할 시점이다. 최종적으로 논문을 작성하면서 다시 연구와 순환되는 경험을 하게 될 것이다. I장에서 연구의 과정과 논문의 체제를 전반적으로 확인하였다. 이를 바탕으로, 교육연구논문을 작성할 때 필요한 사항들을 구체적으로 살펴보도록 한다. 제목을 확정하고 논문의 각 부분을 작성하며 초록을 작성하는 것까지 세부적인 사항들을 확인하고 참고한다. 그리고 학술적인 논문을 작성하는 데 있어서 필수적인 참고문헌 인용과 정리의 방식을 습득하고 적용한다. 마지막으로 연구논문의 심사와 발표 과정에서 경험하는 주요 사항들을 확인하여 준비하고, 연구윤리를 철저하게 준수함으로써 연구의 과정과 결과에 대한 성취감과 보람을 얻을 수 있을 것이다. 논문 작성이 성공적으로 완료된 후에도 계속하여 연구자로서 성장할 수 있는 길은 무엇인지도 확인해보자.

❶ 연구논문 작성

연구논문을 완성하는 단계가 되었다. 제목 확정, 그리고 이론적 배경, 연구방법, 연구결과, 결론, 초록의 작성 등이 필요하다. I 장의 관련 내용을 참고하면서 함께 살펴보도록 한다.

가. 제목 확정

연구논문에서 **제목**은 대단히 중요하다. 연구논문의 얼굴이며, 다른 연구에도 인용될 것이기 때문이다. 연구계획 단계에서 정한 제목으로 끝까지 갈 수도 있지만, 대부분 수정되기 마련이다. 연구를 진행하면서 방향이나 성격이 바뀔 수 있기 때문이다. 논문심사를 받으면서 제목에 대한 수정 의견을 받는 경우가 많다. 연구결과를 종합적으로 검토하면서 스스로 혹은 지도교수와 함께 최종 확정하게 된다.

제목은 연구의 주제를 파악할 수 있도록 구성한다. 제목은 한줄 또는 두줄 이내의 분량이 적당하고, 질문형 제목도 가능하다. 연구주제, 연구 질문 등이 명확하고 간결하게 나타나는 제목이 좋다. 제목에 들어가는 단어는 연구에서 가장 중요한 핵심어로, 연구논문에서도 가장 중요하게 다루어져야 한다. 용어의 정의, 이론적 배경 등에서 중요하게 설명하는 단어인지 확인한다.

제목은 연구주제로 마치는 경우도 있고(예: 코로나19 시기 교육격차의 원인, A, B, C 변인 간 관계), '~ 분석', '~ 탐색', '~ 연구' 등

동사의 명사형(예: 코로나19 시기 교육격차의 원인 분석, A, B, C 변인 간 관계 탐색)으로 마치는 경우도 있다. 연구주제에 따라 분석, 탐색, 연구 등 적절한 용어가 무엇인지 판단한다. 사례 연구, 근거이론 연구 등 연구방법을 제목에 표기하는 경우도 있다. 연구방법의 중요성이 매우 크거나 새로운 접근을 한 것이라 아니라면, 주제를 부각하는 제목을 추천한다.

제목에 부제를 다는 경우도 있다. 연구대상에 대한 범위(학교급, 지역, 시기 등), 연구방법이나 유형, 구체적인 주제, 중요한 분석틀 등을 부기하는 것이다(예: 코로나19 교육격차의 원인 분석: 고등학교를 중심으로). 그러나 부제 없는 제목을 먼저 검토해본다(예: 코로나19 고등학교 교육격차의 원인 분석). 필요한 경우에만 부제를 다는 것을 추천한다.

다음 중 더 효과적인 논문 제목은? (American Psychological Association, 2019)

A 우울증이 임상실험 참여 결정에 미치는 효과
B 우울증이 임상실험 참여 결정에 미치는 효과에 관한 연구
→ A가 더 직접적이며, 불필요한 단어가 생략되었음.

A 왜 그리고 언제 위계가 팀 효과성에 영향을 미치는가: 메타분석적 통합
B 위계와 팀 효과성
→ A가 더 정확하고, 변수들 간의 관계가 명료화되었으며, 연구 유형이 명시됨.

A 눈 감고 마음 따르기: 강력한 직관적 선호성 보호를 위한 정보 피하기

B 눈 감고 마음 따르기

→ A가 더 유용한 정보를 제공하며, 창의적인 제목이 실질적인 하위 제목과 균형을 유지함.

출력물 또는 간행물로 제목을 표기할 경우, 두 줄 혹은 세 줄이라면 적절한 곳에서 줄바꿈을 하는 것이 좋다. 제목 편집 전과 후를 비교해보자.

제목 편집 전		제목 편집 후
교육감 선거 관련 신문사설에 대한 네트워크 텍스트 분석	➔	교육감 선거 관련 신문사설에 대한 네트워크 텍스트 분석
컨설팅 장학의 원리 탐색 : 컨설턴트의 인식을 중심으로	➔	컨설팅 장학의 원리 탐색 : 컨설턴트의 인식을 중심으로

나. 서론 작성

서론은 연구의 배경과 문제의식, 연구의 목적과 연구문제를 설명하는 부분이다. 이 연구가 왜 필요한지 설득하고, 무엇을 어떻게 연구하는지 설명하는 것이 중요하다.

서론은 대체로 다음의 순서로 구성한다.

1. 연구의 필요성 및 목적

- 연구의 배경

  예) 최근 ~

- 연구의 주요 개념 소개, 관련 연구 소개
- 선행연구에서 이 연구가 차용한 것, 차별화한 것
- 이 연구의 관점, 문제의식
- 연구의 목적, 방법(간단히), 기대효과

  예) 이러한 문제의식을 바탕으로, 이 연구는 ~

2. 연구문제

첫째, ~

둘째, ~

셋째, ~

3. 연구의 범위 (문헌연구, 질적연구의 경우)

첫째, 시간적으로, ~

둘째, 공간적으로, ~

셋째, 내용적으로, ~

4. 용어의 정의 (양적연구의 경우)

가. A

나. B

다. C

연구의 필요성은 연구의 배경이 설득력을 가지도록 구성하고, 학술적 필요성, 실제적 필요성을 동시에 고려하면서 제시한다. 이를 위하여 선행연구의 근거가 중요한데, 이론적 배경에서는 자세히 밝히고, 서론에서는 적절한 부분을 제시한다. 가급적이면 서론에서 선행연구는 개별 연구에 대한 분절적인 제시보다는 여러 연구들을 종합적으로 분석한 결과를 제시한다. 또한 주요 통계와 법령 등을 근거로 연구의 필요성을 설득력 있게 제시할 수 있다.

연구의 범위는 연구의 시간적, 공간적, 내용적 범위를 설명한다. 연구의 '제한점'으로 표기하는 경우가 많으나, '범위'로 소개할 것을 권한다. 용어의 정의를 제시하기도 하는데, 양적연구는 조작적 정의를, 질적연구와 문헌연구는 개념적 정의를 제시한다.

학위논문은 서론을 절을 구분하여 3~6쪽 정도 작성하며, 박사학위논문의 경우는 좀더 할애한다. 학술논문은 서론을 1~3쪽 정도 작성하며, '서론' 대신 '연구의 필요성 및 목적'이라고 쓰기도 한다. 대체로 소절을 나누지 않고 쓰며, 마지막 문단은 연구의 목적과 연구문제를 제시한다.

서론은 연구의 과정에서 수차례 수정된다. 연구를 진행하면서 변경, 발전된 사항을 포함하게 되고, 결론까지 모두 작성한 상태에서도 완전히 새롭게 작성하는 경우도 있다. 연구의 필요성을 설득하고 연구의 정합성도 고려해야 하기 때문이다. 서론이 연구의 필요성과 완성도를 판단할 수 있는 중요한 출발점이라는 것을 명심한다.

다. 이론적 배경 작성

이론적 배경은 주제에 대한 이론, 주요 개념, 선행연구를 정리하는 부분이다. 학술논문에서는 이를 생략하는 경우도 있으나 학위논문에서는 가급적 포함할 것이 권장된다.

이론적 배경은 일반적으로 3개 이상의 절로 구성하며, 연구에서 다루는 주요 개념과 이론에 대해 선행연구를 정리하고, 자신이 하고자 하는 연구에의 시사점을 제시한다. 양적연구의 경우 중요한 변인, 변인간 관계, 연구 가설과 모형 등을 서술한다. 이론적 배경은 선행연구들을 조사하여 정리하는 부분이기 때문에 '**표절**'에 주의해야 한다. 원문을 충실히 확인하고, 인용하는 부분을 자신의 언어로 바꿔 쓰고 연구에 필요한 스토리 라인으로 구성하는 것이 필요하다. 주제에 따라 이론적 배경을 '**선행연구 검토**' 정도로 살펴보고 하위 절을 구분하지 않고 하나의 장으로 구성할 수도 있다.

이론적 배경의 작성은 선행연구를 폭넓게 검색하여 수집하고 나름대로 분석, 정리한 후, 연구주제와 문제에 맞추어 작성한다. 대체로 다음과 같은 점에 유의하여 작성한다.

첫째, 연구의 **핵심 용어**를 체계적으로 정리한다. 교육연구에서 개념은 매우 중요한데, 주로 연구 변수(예: 자기효능감)이거나 개념어(예: 교육 불평등)에 해당한다. 일차적으로 여러 연구자들의 다양한 정의를 조사하여 정리하게 되는데, 시간적 순서로 살펴보고 정리하면 변화를 확인할 수 있다. 그리고 연구에서 내가 선택한 정의가 어떠한 연구와 관점에 기반하는지, 변화한 것은 무엇인지 등을 정리한다.

둘째, **스토리 라인**을 구성하여 정리한다. A가 무엇이라고 했고, B는 무엇이라고 했고, C는... 이렇게 나열식으로 제시하는 것은 좋지 않다. 중요한 연구들을 열거하더라도 종합적인 분석이 있어야 하고, 비슷한 것들은 묶어보거나 선택한 관점을 좀더 자세히 살펴보는 등 줄거리를 적절하고 효과적으로 구성해본다.

셋째, 선행연구의 아쉬움, 희소함을 강조하는 것이 아니라 선행연구의 기반을 강조한다. "선행연구가 미흡해서, 적어서..."와 같이 부족함을 부각하여 연구의 필요성을 강조하는 것은 좋지 않다. "선행연구에서 이만큼 밝혀졌고, 나는 이 점에 주목한다"는 자세가 더 의미있다.

넷째, 선행연구를 분석한 결과를 종합하고, 자신이 수행하려는 연구에 주는 시사점을 정리한다. 선행연구의 종합적인 분석 결과를 도출하고, 이 연구에 반영한 점, 고려한 점 등을 마지막으로 제시한다. 이 부분은 가장 독창적이고 의미있는 부분이다.

다섯째, 정확하게 **인용**하고 **표절**을 주의한다. 가장 빈번하게 표절 의심 사례가 발견되는 부분이 이론적 배경이다. 선행연구 분석 자체가 다른 연구를 인용할 수 밖에 없는데, 말바꾸기 없이 통째로 글을 복사하거나, 인용을 밝히지 않는 경우 표절에 해당한다. 다른 글을 그대로 옮겨올 경우 큰따옴표("")로 표시하고, 말바꾸기를 통해 연구자의 표현으로 바꾸며, 정확한 출처 표기를 해야 한다. 특히 저자가 직접 확인한 문헌만 인용해야 한다는 점에 유의하고, 외국문헌의 경우 도서관이나 구글링을 통해 반드시 원문을 반드시 확인한 후 인용한다.

이론적 배경은 선행연구에 대한 '**리뷰**'(literature review), 즉 연구자의 '검토 의견'을 제시하는 것이다. 선행연구를 충분히 검토한 결과 나의 견해와 관점을 논리적으로 정리하는 것, 조심스럽지만 반드시 필요하다. 선행연구 고찰은 '장식품'이 아니다. 연구자가 체계적으로 검토하고 정리한 문헌은 연구결과와 결론에서 유용하게 활용될 것이고 활용되어야 한다.

라. 연구방법 작성

연구방법은 연구 목적을 달성하기 위한 연구설계와 구체적인 연구방법을 체계적으로 설명하는 부분이다.

양적연구의 경우는 연구모형, 연구대상, 조사도구, 분석방법을, 질적연구의 경우는 연구참여자, 자료수집, 자료분석을 주로 설명한다. 사용하는 연구방법에 따라 포함할 내용과 하위 절 구성이 달라지며, 드물지만 하위 절을 구분하지 않고 하나의 장으로 구성할 수도 있다. 그러나 학위논문의 경우는 통상 절을 구분하여 제시한다. 연구방법이 체계적이고 명확하게 기술되어야 과학적 연구로서 인정될 수 있다.

마. 연구결과 작성

연구결과는 연구의 목적과 문제에 대한 구체적인 결과를 체계적으로 설명하는 부분이다.

연구결과는 연구문제에 대응하여 제시하는 경우가 일반적이다. 연구문제를 세 개 제시했다면, 연구결과 또한 세 부분으로 정리한다. 연구결과는 연구문제에 따라 그리고 논리적으로 절을 나누어 구성한다. 연구결과는 대부분 하위 절을 나누어 제시하며, 연구결과가 서로 다른 두 가지 이상이라면 장을 구분할 수도 있다. 연구의 핵심이며, 논문에서 가장 많은 분량을 차지한다.

추가적으로 확인할 것은 연구결과에 사용되는 표현이나 표와 그림 제목 등의 통일성이다. 이어지는 표가 무엇인지 소개하는 문장과 표의 내용을 설명하는 문장, 표와 글의 배치 순서, 표 제목의 통일성 등을 확인한다. 인용문이 있는 경우, 가독성 있게 편집하고, 면담 참여자 정보 제시 방식의 통일성 등을 확인한다.

표와 **그림**은 연구에서 반드시 필요한 것을 선별하고, 바르고 효과적으로 제시하여야 한다. 표와 그림은 직관적으로 내용을 파악할 수 있는 제목을 붙여준다. 대체로 **표 제목**은 표 위에 왼쪽 정렬로, **그림 제목**은 그림 아래에 오른쪽 정렬로 제시한다. 출처는 표와 그림의 아래에 제시한다. 학위논문의 목차에서 표와 그림 제목은 별도로 추출하여 정리하고, 표 제목과 그림 제목의 명확성과 일관성을 반드시 종합적으로 확인한다.

표 제목 예시 (American Psychological Association, 2019)

대학 전공과 수행력 간의 관계

→ 너무 일반적임. 표에 어떤 내용의 데이터가 있는지 불명확함.

심리학, 물리학, 영어, 공학 전공 학생들의 시험 A, 시험 B, 시험 C에 대한 평균 수행 점수

→ 너무 세부적임. 제목이 표 소제목의 정보와 중복됨.

서로 다른 대학 전공 학생들의 평균 수행력 점수

→ 효과적임. 제목이 구체적이면서 표 소제목과 중복되지 않음.

그림 IV-1 표와 그림 제시 예시

〈표〉 표 제목

소제목	

출처: ______________________________

[그림] 그림 제목

출처: ______________________________

표는 같은 논문에서 통일된 양식으로 제시하면 되는데, 통상 가는 선 세 줄로 정리하고, 진하게, 두 줄, 색상 등은 지양한다([그림 Ⅳ-1]). APA에서는 표 안에 들어가는 문구를 '소제목'으로 표현하는데, 국내에서는 '구분'이라고 명기하는 편이다. 표는 가급적 한 페이지에 보이도록 편집하고, 부득이하게 두 페이지로 넘어갈 경우는 반드시 '제목 줄'을 반복한다([그림 Ⅳ-2]).

그림 Ⅳ-2 한글 프로그램에서 제목 줄 반복 설정

표의 내용을 특정 문헌에서 가져왔을 경우는 출처를 페이지까지 밝히고, 특정 문헌을 일부 가공했을 경우는 "○○ 연구의 내용을 재구성함" 등으로 밝힌다. 통계표 등에서는 표 안에 명기한 " * " 혹은 각주 "1)" 등을 표 아래 밝힌다. 표는 너비와 길이를 적절히 조정하여 가독성이 좋도록 편집한다.

그림은 연구자가 직접 만들거나 다른 문헌에서 가져온다. 그림은 그래프, 차트, 일러스트레이션, 지도, 사진 등이다. 반드시 필요한 것을 선별하여 가독성 있고 선명하게(높은 해상도) 제시하고, 표와 마찬가지로 출처를 정확하게 밝힌다. 연구자가 직접 제작한 그림은 별도로 출처를 명기할 필요가 없다.

바. 결론 작성

결론은 연구의 종합적인 결과와 의의를 제시하는 부분이다.

결론은 대체로 다음의 내용과 순서로 구성한다. 절을 나누어 구성할 수도 있고, 하나로 작성할 수도 있다.

1. 요약 및 논의
- 연구결과 요약
- 연구결과 논의, 해석
- 연구결과 종합 분석

2. 시사점 및 제언
- 연구의 시사점 (정책 제언 포함 가능)
- 연구의 의의
- 연구의 한계
- 후속연구 제언

결론에서 연구결과의 **요약**은 포함할 수도 있고, 제외할 수도 있다. 포함하는 경우는 연구결과에서 다룬 내용을 다시 상기하는 것이며, 제외하는 경우는 불필요한 반복으로 보는 것이다. 한문단 정도 요약한 후 논의를 전개할 수도 있고, 주요 연구결과를 연구문제별로 한문단씩 요약하여 정리하면서 논의도 함께 할 수 있다.

결론에서의 **논의**는 연구결과에서의 논의와는 구별하며, 선행연구와의 종합적인 비교 논의, 심층적인 분석적 해석과 추론 등이 필요하다. 종합 분석은 연구결과의 종합적인 결론이다. 연구에 따라 분량과 깊이는 달라지며, 중요한 연구결과로 볼 수 있다. 논의와 종합 분석을 결론과 별도로 하나의 장을 만들어 제시할 수도 있다. 연구결과 다음에 논의 장을 만들 수도 있다. 이 경우 결론은 간단히 작성한다.

연구의 **시사점**은 연구의 필요성과 마찬가지로 학술적, 실제적 측면에서 모두 도출 가능하며, 의의도 마찬가지다. 정책적으로 필요한 사항에 대해 **제언**을 할 수도 있으나, 조심스럽게 접근해야 한다. 연구의 **제한점**은 결론에 밝힌다. 연구 대상, 연구방법 등과 관련하여 연구가 가진 기본적인 한계와 아쉬움을 솔직하게 밝히고, 필요한 **후속연구**를 제시한다. 단, 후속연구를 너무 많이 상세하게 제시하지는 않는다. 가급적 '~ 해야 한다'와 같이 단정적인 어투보다는 '~할 필요가 있다' 정도로 제언하는 것을 권한다.

간혹 연구결과와 무관하거나 무리한 제언을 하는 경우가 있는데, 연구결과와 직결되고 조응되는 제언을 해야 한다는 점에 유의한다. 예컨대 교사의 특정 역량이 낮게 나타났을 때, 교사양성교육에서 관련 과목을 가르쳐야 한다거나 현직교육에서 관련 연수를 확대해야 한다고 제언할 수 있다. 그러나 이것은 별도의 연구가 필요하며, 연구의 범위를 벗어난 것일 수 있다. 즉 연구결과와 직접적으로 연결되는 것으로 결론이 구성되어야 한다.

사. 초록 작성

초록(abstract)은 요약이라고도 하며, 연구논문의 가장 중요한 내용을 요약하여 정리하고, 주요 주제어를 표시한다. 국문과 영문, 혹은 다른 외국어로 작성하며, 통상 국문은 앞에, 영문은 뒤에 배치한다. 논문의 앞에 제시하지만 작성 순서는 가장 마지막인 경우가 많아 여기에 정리한다.

초록의 양은 정해져있지 않으나, 교육학 석사학위논문의 경우 2~3쪽, 박사학위논문의 경우 3~5쪽 정도로 작성하면 된다. 학술논문의 경우 좀더 짧은 초록을 요구하며, 분량은 학술지에서 정하는 경우가 있으나, 주로 10줄~15줄 정도를 넘지 않는다. 주제어는 5개 내외로 통상 제시하도록 하고 있다.

주요 학술논문 초록의 작성 양식 예시는 다음과 같다.

『교육학연구』(한국교육학회 발행)

http://www.ekera.org/bbs/content.php?co_id=edit

초록: 글꼴 신명조, 글자크기 9, 들여쓰기 2, 줄간격 150, 장평 90, 자간 0로 하고, 왼쪽 5, 오른쪽 5만큼 들여써서 작성하고 말미에는 주제어(Key words)를 선정하여 정리한다. 주제어는 국·영문 모두 5개 이내로 기술하며 가능한 국문과 영문을 동일하게 기재한다.

『한국교육』(한국교육개발원 발행)

https://www.kedi.re.kr/khome/main/journal/infoThesisAccept.do

1) 영문초록(영문 논문제목, 영문 성명, 영문 소속기관, 영문요약, 영문 주제어): 영문요약은 Purpose, Design/Methodology/Data/Approach, Findings/Results, Value로 구분하여 기재하고, 1,000

단어 이내로 작성한다.

2) 국문초록(논문제목, 성명, 소속기관 및 직위, 국문요약, 주제어): 국문요약은 가로 50~55자, 세로 10행 이내로 작성한다.

초록은 정선된 표현으로 연구결과를 중심으로 작성한다. 초록의 전문은 학술검색 사이트를 통해 제시되고, 초록과 주제어는 검색이 되기 때문에 정확하고 신중하게 작성한다. 영문초록은 초록이 완성된 후 번역하며, 학술적 용어의 번역이 정확한지 확인한다. 특히 고유한 명칭 등은 반드시 확인한다.

주제어(키워드)도 신중하게 정한다. 연구에서 가장 중요한 단어를 선정하고, 초록에서도 사용하고 있는지 확인한다. 초록에서 언급되지 않았다면 중요한 단어로 보기 어렵다.

학술논문 초록은 다음과 같은 내용으로 구성하는 것을 권장한다.

- 연구의 배경/문제의식 (한문단)

  예) 최근 이 (주제)에 대한 학문적 관심이 높아지고 있으며, 관련된 정책이 2027년부터 본격적으로 실시될 예정이다.
- 연구의 목적 (한문단)

  예) 이 연구의 목적은 ~ .
- 연구의 설계/방법 (한두문단)

  예) 이를 위하여 (어떠한 조사를 어떠한 방법과 누구를 대상으로 언제) 실시하였다.
- 연구결과 (필요한 만큼)

  예) 주요 연구결과는 다음과 같다. 첫째, ~둘째, ~셋째, ~

- 연구의 시사점과 의의 (한두문장)

  예) 이러한 연구결과를 바탕으로 ~ 을 제언하였다. 이 연구는 ~ 라는 점에서 의의를 갖는다.
- 키워드: 가장 중요한 용어 5개 내외 (초록 전문에 키워드가 포함되었는지 확인)

학위논문의 **영문초록**에서는 지도교수의 이름을 명기하도록 되어 있다. 영문이름은 다양한 방식으로 표기된다. 지도교수가 평소에 사용하는 영문이름을 확인하여 정확하게 사용해야 한다. 지도교수가 최근에 발표한 논문들의 영문초록을 확인하거나 직접 문의하여 작성한다. 학술논문의 영문초록에도 동일하며, 공동저자일 경우 표기방식을 동일하게 할 것을 권한다(예: 성과 이름 표기 순서, 대문자 사용, 하이픈 사용 등).

잘 작성된 초록의 특징 (American Psychological Association, 2019)

- 정확하다: 논문의 목적과 내용을 반영하고, 제시되지 않은 정보는 포함하지 않는다.
- 평가하지 않는다: 논문의 내용을 보고한다. 논문 내용에 추가하거나 논평하지 않는다.
- 조리있고 가독성이 높다: 명확하고 신중한 언어로 작성한다. 명사보다 동사를, 수동태보다는 능동태를 사용하고, 결과는 현재 시제를, 방법은 과거 시제를 사용한다.
- 간결하다: 짧게 최대한 유용한 정보를 담는다. 4~5개의 중요한 개념, 연구결과, 시사점을 포함한다.

아. 기타 참고사항

- 학술적 성격의 글쓰기임을 명심한다.
- 문어(文語)로 작성하고, 주어와 서술어를 일치한다.
- 글과 문단의 논리적 흐름, 비문 등을 확인한다.
- 적절한 도입문, 연결사, 마무리 문장 등을 삽입한다.
- 문장은 명확하고 명료하게 작성하고, 한 문장이 너무 길어지지 않도록(5줄 이상 지양) 주의한다.
- 문단은 두 개 이상의 문장으로 구성하고, 한 문단이 너무 길어지지 않도록(10줄 이상 지양) 적절하게 구분한다.
- 장 제목과 절 제목은 동일하지 않아야 하고, 장 아래 절을 둘 경우 2개 이상의 절을 둔다.
- 학위논문은 장마다 새로운 페이지로 시작하고, 학술논문은 대체로 이어서 작성한다.

박사논문 작성자가 알려주는 tip

- 논문지도는 어렵더라도, 귀찮더라도, 미흡하더라도 매월 한 번은 받아야 한다.
- 논문 제목은 인쇄하는 순간까지 바뀔 수 있다. 끝까지 고민하고, 지도교수와 확정한다.
- 연구문제는 연구목적, 연구방법, 연구결과, 논의/결론과 하나로 연결되어야 한다.
- 연구방법은 적합한 이론과 모형을 적용하되, 없다면 나만의 모형을 만들어라.

- 통계처리는 연구의 설계 단계부터 통계 전문가에게 문의하고 중간 점검을 받아라.
- 논의가 중요하다. 연구결과의 함의, 기존 연구와의 차별성, 기여도를 제시하라.
- 초심 받고 절대 실망하지 말자. 심사 내용을 조치하고, 결과대조표를 만들어라.
- 종심 받고 끝난 것이 아니다. 인준 도장 받고 최종본 제출까지 꼼꼼히 살펴보고 고쳐쓰자.
- APA 양식을 적용하자. 참고문헌은 처음부터 정리하고, 국문과 영문이 다름을 알자.

출처: 충남대학교 교육학과 대학원 러닝페어(2024. 2. 19) 발표자료 수정.

2 참고문헌 정리와 인용

참고문헌(referenc)은 논문에 **인용**한 문헌으로 통상 논문의 마지막에 정리한다. 논문에서 인용한 문헌은 빠짐없이 포함되어야 하고, 인용하지 않는 문헌은 수록하지 않아야 한다. 대체로 한국문헌, 영어 문헌 순으로 제시하며, 저자를 기준으로 가나다, 알파벳 순으로 정렬한다. 이 밖에 요약(초록)을 국문과 영문으로 작성하는 경우가 많고, 설문지, 연구참여동의서 양식 등을 부록으로 제시할 수 있다. 참고문헌 양식은 학교와 학술지에 따라 샘플을 제시하는 경우가 많으므로 이를 참고하고, 논문 안에서 통일성 있게 정리하는 것이 중요하다.

참고문헌 정리와 인용은 사회과학에서는 주로 **APA**(American

Psychological Association, 미국심리학회) 방식을 따르며, 교육학도 대부분 이 방식으로 정리한다. 참고로 교육학에서도 철학과 역사 등 인문학 분야는 **트라비안**(trabian) 방식을 따른다. 트라비안은 참고문헌을 본문 내에서 각주의 형태로 제시하는 것이다.

APA 홈페이지 APA 방식 (https://apastyle.apa.org/)

- 저자와 연도를 기준으로 표기
- 본문 내 인용은 기본적으로 (저자, 연도)의 형식
- 참고문헌은 저자-출판년의 순서 적용
- 본문에 인용된 참고문헌은 반드시 참고문헌 목록에 제시
- 참고문헌과 본문 인용의 입력 내용 일치

APA에서 인용은 내주-참고문헌 방식을 사용하며, 본문에서 인용한 부분을 내주로 간략하게 표시하고, 완전한 인용정보는 참고문헌에서 찾는 방식이다. APA는 현재 7판(2019년)까지 나왔다. APA 홈페이지에서도 해당 양식을 참고할 수 있다.

APA 양식으로 본문에서 참고문헌을 인용하려면, 저자-연도 인용체계를 사용한다. 인용은 문장의 하단에 출처를 인용하는 '소괄호 인용'과 문장 안에 출처를 인용하는 '서술식 인용'이 있고, 저자의 수에 따라 표기를 달리 한다. 인용은 논문 작성자의 말로 다시 서술하는 **재진술**(paraphrase)이 원칙이며, 저작물을 그대로 재생하는 **직접 인용**(direct quotation)은 페이지를 밝히고 큰따옴표로 표시한다. 인용에 대한 자세한 사항은 American Psychological

Association(2019)을 참고한다.

참고문헌 예시

박수정(2023). 대학 수업은 처음입니다. 학지사.

소괄호 인용 예시

비대면 교육이 부상하는 상황에서 대면 수업을 중심으로 하는 대학이 존재하는 이유는 '상호작용과 피드백'에서 찾아야 할 것이다(박수정, 2023).

서술식 인용 예시

비대면 교육이 부상하는 상황에서 대면 수업을 중심으로 하는 대학이 존재하는 이유에 대하여 박수정(2023)은 '상호작용과 피드백'을 지목하였다.

표 IV-1 기본적인 본문 인용 방식

저자 유형	소괄호 인용	서술식 인용
1인 저자	(박수정, 2023) (Park, 2023)	박수정(2023) Park(2023)
2인저자	(박수정, 이희숙, 2023) (Park & Lee, 2023)	박수정과 이희숙(2023) Park & Lee(2023)
3인 이상 저자	(박수정 외, 2024) (Park et al., 2024)	박수정 외(2024) Park et al.(2024)
직접 인용 시	(박수정 외, 2024, p.30) (Park et al., 2024, p.30)	박수정 외(2024, pp.30-31) Park et al.(2024, pp.30-31)

출처: (American Psychological Association, 2019)를 활용함.

꼭 기억할 것은 연구자가 직접 문헌을 확인하고 인용해야 한다는 것이다. 외국문헌은 도서관 상호대차나 구글링 등을 통해 원문을 찾고 확인한다. 국내문헌의 경우는 반드시 입수하여 확인한 후 직접인용하고, 입수가 불가능한 경우에 한하여 재인용한다.

APA에서 참고문헌은 저자, 연도, 제목, 출처로 이루어진다. **출처**(source)는 검색할 수 있는 정보를 의미하며, **DOI**가 있는 경우 이를 밝힌다. 참고문헌 작성 예시는 다음을 참고한다. 아래는 영문 참고문헌이며, 국내 참고문헌은 이 책이나 주요 학술논문(단, 최신)의 참고문헌 부분을 참고하도록 한다.

다음의 기본 요소를 구두점과 함께 사용하여 참고문헌을 작성한다.

NO.	항목	설명
1	Author.	저자/편집자 정보 저자수 최대 20인까지 성과 이름 이니셜을 사용하여 제시
2	(Date).	출판연도 혹은 출판연월일
3	Title.	제목, 정기간행물 제목은 이탤릭체로 표기
4	Sourse	출판 관련 데이터 – *권*(호), 페이지, 디지털 출처 등

학술지 논문

- 저자명 (연도). 학술지 논문 제목. *학술지명, 권*(호), 페이지. DOI
- Graby, J. S., Her, M., Moreno, G., Perez, C., & Yelinek, J. (2019). Emotions in storybooks: A comparison of storybooks that represent ethnic and racial groups in the United States. *Psychology of Popular Media Culture, 8*(3), 207-

217. https://doi.org/10.1037/ppm0000185

단행본

- 저자명 (역할). (연도). 서명 (판차, 권호, 페이지), 출판사. DOI
- Sapolsky, R. M. (2017). *Behave: The biology of humans at our best and worst*. Penguin Books.
- Jackson, L. M. (2019). *The psychology of prejudice: From attitudes to social action* (2nd ed.). American Psychological Association. https://doi.org/10.1037/0000168-000
- Kesharwani, P. (Ed.). (2020). *Nanotechnology based approaches for tuberculosis treatment*. Academic Press.
- Torino, G. C., Rivera, D. P., Capodilupo, C. M., Nadal, K. L., & Sue, D. W. (Eds.). (2019). *Microaggression theory: Influence and implications*. John Wiley & Sons. https://doi.org/10.1002/9781119466642
- Harris, K. R., Graham, S., & Urdan, T. (Eds.). (2012). *APA educational psychology handbook* (Vols. 1-3). American Psychological Association.
- Watson, J. B., & Rayner, R. (2013). *Conditioned emotional reactions: The case of Little Albert* (D. Webbs, Ed.). CreateSpace Independent Publishing Platform. https://a.co/06Se6Na (Original work published 1920)
- Harris, K. R., Graham, S., & Urdan, T. (Eds.). (2012). *APA educational psychology handbook* (Vols. 1-3). American Psychology Association.

웹사이트/온라인 자료

- Bologna, C. (2019, October 31). *Why some people with anxiety love watching horror movies*. HuffPost. https://www.huffpost.com/entry/anxiety-love-watching-horror-movies_l_5d277587e4b02a5a5d57b59e

- Roberts, N. (2020, June 10). *Trayvon Martin's mother, Sybrina Fulton, qualifies to run for elected office*. BETNews. https://www.bet.com/news/national/2020/06/10/Trayvon-Martin-mother-Sybrina-Fulton-qualifies-for-office-florid.html
- Toner, K. (2020, September 24). *When Covid-19 hit, he turned his newspaper route into a lifeline for senior citizens*. CNN. https://www.cnn.com/2020/06/04/us/coronavirus-newspaper-deliveryman-groceries-senior-citizens-cnnheroes-trnd/index.html

온라인 데이터베이스

- Jacobs, G. M., The, J., & Spencer, L. (2019). *A proposal for facilitating more cooperation in competitive sports* (ED573929). ERIC. https://files.eric.ed.gov/fulltext/ED573929.pdf

출처: 한양대학교 도서관(https://hanyang-kr.libguides.com/citation/apa)

영문 기준이므로 한국 문헌은 차이가 있을 수 있으나 대부분 동일하다. 중요한 것은 동일한 논문에서 일관성, 통일성이며, 주어진 양식이 있을 경우 이를 따른다. 단, 양식이 최신화 되지 않았을 경우도 있을 수 있어 참고할 만한 샘플논문을 찾아 보는 것도 좋다. 참고문헌에 대한 자세한 사항은 American Psychological Association(2019)과 APA 홈페이지를 참고한다.

참고문헌 정리 tip

- 참고문헌 정리 시 한글 문서의 경우 정렬 기능 활용: 가나다 순, ABC 순 자동 정렬
- 참고문헌에서 둘째줄 이하 들여쓰기는 한글 문서의 경우 단축키 <Shift+Tap> 활용: 문단 줄맞추기
- 저자 이름, 논문 제목, 학술지명 등 오탈자, 띄어쓰기 재확인
- 학위논문 표기 방식 통일 확인 (예: ○○대학교 박사학위논문. ○○대학교 대학원 박사학위논문 등)
- 과거 논문 제목, 학술지명에 한자가 포함된 경우: 한글로 수정 권장 (고전이 아닌 경우)
- 영문 참고문헌에서 이탤릭 필요: 단행본과 학위논문은 제목에, 학술논문은 학술지명에 이탤릭
- 영어 참고문헌에서 대문자, 소문자 확인 및 일관성 통일
- 영문 참고문헌에서 저자 이름 작성: 구글 스칼라에서 인용(APA) 확인, 복사하여 확인 후 정리
- 영문 참고문헌에서 공동 저자: et al.→al 다음 '.' 있음 유의
- 논문에 인용된 문헌이 포함되었는지, 논문에 인용되지 않은 문헌이 있는지 확인

생각해 볼까요?

'본 연구' vs '이 연구'

내가 쓴 지금 이 연구를 지칭할 때 '본 연구', '본 논문'이라는 표현이 많이 사용된다. '이 연구', '이 논문'은 어떨까? 참고로 '본고'는 '이 글', '본교'는 '우리 학교'로 쓰는 추세다. 단, '이 연구'라고 할 경우 위치상 가깝게 언급한 연구와 혼돈될 수 있다.

'저자 외' vs '저자 등'

저자가 3명 이상인 경우 APA에서는 '저자 et al.'을 명기하도록 하고, 우리나라에서는 '저자 외'라는 표현을 대부분 즉 (Park et al., 2023)을 (박수정 외, 2023)으로 명시한다. 'et al'은 라틴어(et alii)로 '그리고 다른 사람들'이라는 뜻이다. '저자 외' 대신 '저자 등'은 어떨까? '저자 등'은 저자를 포함한 개념이다. 단, '저자 외 ( )인'으로 저자 수를 명기할 경우는 주의하여야 한다.

3 연구논문 발표

연구의 꽃은 연구논문을 발표하는 것이다. 학위논문은 학위수여대학에 제출하는 것으로 종료되고, 학술논문은 학술지 투고와 발표를 거치게 된다. 학위논문은 미간행물이고, 학술논문은 간행물로 출판되었다고 볼 수 있다.

Ⅰ장에서 살펴본 바와 같이, 학위논문 발표는 학내 심사과정을 거쳐 논문을 제출하는 것으로, 학술논문 발표는 학술지의 심사과정을 거쳐 원고가 게재, 출판되는 것으로 마무리된다. 학위논문은 적합한 학술지를 선택하여 학술논문으로서 발표함으로써 연구결과를 널리 공유할 것이 권장된다. APA에서는 석사 및 박사 학위 논문이 신진 연구자의 첫 출판 저작물의 토대를 제공하기 때문에 학술논문 형태로의 변환을 적극 권장하고 있다(American Psychological Association, 2019).

발표되는 학술논문작성 tip

- 시의성, 중요성 높은 연구: 꼭 필요한 연구, 서론에서 학문적, 실제적 중요성 설득
- 정합성, 체계성 높은 연구: 연구 전체가 하나의 일관된 흐름, 개별 요소의 충실 및 요소 간 연계
- 충실한 선행연구 리뷰: 연구의 기반, 연구결과와 결론에서 비교 논의
- 의미성, 기여도 높은 연구: 참신한 결과, 결론에서 학문적, 실제적 의미와 의의 부각
- 완성도 높은 연구: 연구의 내용과 형식 모두 높은 수준

논문은 어떠한 기준으로 평가받는가? 학술논문을 게재하는 주요 학회의 학술지는 저마다 독자적인 **심사 규정**을 가지고 있다. 심사 결과에 따라 논문의 학술지 게재 여부를 판단하므로 심사 기준은 논문의 중요한 평가 기준이라고 할 수 있다(박수정, 2011). 대표적으로 한국교육학회 『**교육학연구**』는 다음과 같은 심사 기준을 제시하고 있다.

① 주제의 적절성

② 연구주제 혹은 연구문제의 독창성과 명료성

③ 연구방법의 타당성

④ 학문발전의 기여도

⑤ 교육현장에 대한 적용가능성

⑥ 논지의 일관성 및 진술의 명확성

⑦ 초록의 질 및 논문작성 양식 충실도

한국교육행정학회에서 발행하는 『**교육행정학연구**』는 다음과 같은 심사 기준과 절차를 제시하고 있다. 1차 심사에서는 심사위원 3인이 여섯가지 평가 기준에 대하여 각각 우수, 양호, 미흡 중에서 평가하고, 종합적으로 각각 '게재가', '수정후 재심사', '게재불가' 중에서 평가하면 종합적으로 '게재가' 또는 '게재불가' 판정이 이루어진다. '수정후 재심사' 판정의 경우 2차 심사를 거쳐 게재여부가 최종 판정된다. 관심있는 분야의 학술지 심사 규정을 확인하고 준비하도록 한다. Ⅰ장에 소개한 분야별 전문 학술지도 있고, 충남대학교 교육연구소에서 발행하는 『**교육연구논총**』과 같이 종합적인 학술지도 있다. 연구 분야와 주제에 따라 적절한 학술지를 찾는 것도 중요하다.

교육행정학연구지 심사규정 세칙

제2조(심사기준) 교육행정학 연구지에 게재할 논문의 심사 기준은 다음과 같다.

① 연구주제 및 문제의 명료성
② 연구방법의 타당성
③ 관련 문헌과 자료분석의 충실성
④ 논리전개의 적절성
⑤ 논문의 질적 수월성 및 독창성
⑥ 한국교육행정학 발전에의 기여도

제3조(심사절차) ① 본지에 게재할 논문은 학회지편집위원회가 위촉한 심사위원 3인 이상으로부터 「교육행정학연구」 게재논문 심사표(별첨)의 기준에 따른 심사를 받고 이를 통과하여야 한다. 위촉된 3인의 심사위원은 비밀심사(심사위원에게는 논문저자의 이름을 비밀로 하

고 논문저자에게는 심사위원의 이름을 비밀로 하는 심사방법)를 하여야 한다.

② 편집위원 중 1인 이상이 투고 논문의 교육행정학 분야 적합성을 부인하는 의견을 제시하는 경우, 편집위원장이 편집위원 전원에게 투고 논문을 회람하여 참여한 편집위원 과반수의 판단에 따른다. 교육행정 분야 적합성이 부인되는 경우, 투고 논문은 심사하지 않으며, 심사료는 반환한다. 적합성 부인의 기준은 교육행정학의 학문 범위인 조직, 제도, 정책을 벗어난 경우를 의미한다.

③ 심사위원의 심사판정은 다음 3단계로 한다.

가. 게재가: 수정 없이 게재할 수 있다고 판단한 논문 혹은 수정할 내용이 표현, 어휘의 선택, 제시순서 등에 한한 것으로 핵심내용과는 무관한 논문

나. 수정후 재심사: 논문의 핵심내용에서 문제가 있다고 판단하여, 심사위원의 수정보완의견을 반영하여 재심사를 해야 하는 논문

다. 게재 불가: 논문의 핵심내용에서 문제가 있고 그 문제를 해결하기 위해서는 상당한 기간이 필요하다고 판단한 논문

④ 3인의 심사위원의 판정에 기초하여 게재여부에 대한 종합판정은 다음과 같이 한다.

심사위원1	심사위원2	심사위원3	종합판정
게재가	게재가	게재가	
게재가	게재가	수정후 재심사	게재가
게재가	게재가	게재불가	
수정후 재심사	수정후 재심사	게재가	
수정후 재심사	수정후 재심사	게재불가	수정후 재심사
수정후 재심사	수정후 재심사	수정후 재심사	
수정후 재심사	게재가	게재불가	
게재불가	게재불가	게재불가	
게재불가	게재불가	수정후 재심사	게재불가
게재불가	게재불가	게재가	

⑤ 종합판정에서 "수정후 재심사" 판정을 받은 논문은 심사자의 수정보완 요구를 충실히 이행하여 재제출해야 한다. 재제출된 논문은 해당 심사위원의 재심사를 받아야 하며, "게재가"의 판정을 받은 논문도 심사자의 수정보완 요구가 있을 시 이를 충실히 이행해야 한다.
⑥ 수정 후 재제출된 논문의 최종 종합판정은 1차 종합판정의 기준에 의한다.

제출한 논문을 재심사 받는 경우, 심사 의견에 대한 연구자의 수정 사항을 정리하여 수정 원고와 함께 제출하게 된다. 〈표 Ⅳ-2〉와 같이 **수정대조표**로 작성할 수 있다. 이는 학위논문 심사과정에도 준용된다. 심사 의견이 타당하다고 생각되면 적절하게 반영하고, 수용하기 어려운 심사 의견이라면 반영하기 어려운 이유(연구설계, 시간, 논리 등)를 차분하게 설명한다.

표 Ⅳ-2 수정대조표 양식 예시

심사 의견	수정 사항 (페이지 기입)
1.	1.
2.	2.
3.	3.
4.	4.
5.	5.

논문의 완성단계에서 마지막까지 철저히 확인할 것은 **연구윤리** 준수, 특히 **연구부정행위**를 저지르지 않는 것이다. 연구윤리의 개략적인 내용은 1장에서 소개한 바 있다. 연구진행의 전 과정에서 주의하면서 연구를 진행하고, 마지막으로 연구를 발표하는 시점에서 아래 사항을 확인하도록 한다.

표 IV-3 연구부정행위 자가 체크리스크

※ 모든 질문 항목에 대한 대답이 '예'가 되어야 함.

구분	내용	예	아니오
위조	연구수행 전 과정에서 존재하지 않는 데이터 또는 결과 등을 거짓으로 만들거나 기록한 사실이 없는가?		
변조	연구수행 과정에서 데이터 또는 결과 등을 임의적으로 사실과 다르게 변형, 삭제, 왜곡하여 기록한 사실이 없는가?		
표절	이미 발표된 타인의 독창적인 아이디어나 연구성과물을 활용하면서 출처를 정확하게 표기하였는가?		
	일반적 지식이 아닌 타인의 독창적인 개념, 용어, 문장, 표현, 그림, 표, 사진, 영상, 데이터 등을 활용하면서 출처를 정확하게 표기하였는가?		
	타인의 연구성과물을 그대로 쓰지 않고 풀어쓰기(paraphrasing) 또는 요약(summarizing)을 하면서 출처를 정확하게 표기하였는가?		
	외국어 논문이나 저서를 번역하여 활용하면서 출처를 정확하게 표기하였는가?		

구분	내용	예	아니오
	2차 문헌을 활용하면서 재인용 표기를 하지 않고 직접 원문을 본 것처럼 1차 문헌에 대해서만 출처를 표기한 적이 없는가?		
	출처 표기를 제대로 했거나, 인용된 양 또는 질이 해당 학문 분야에서 인정하는 범위 이내라고 확신할 수 있는가?		
	타인의 저작물을 여러 번 인용한 경우 모든 인용 부분들에 대해 정확하게 출처를 표기하였는가?		
	타인의 저작물을 직접 인용할 경우, 적절한 인용표기를 했는가?		
부당한 저자표기	연구에 지적 기여를 한 연구자에게 저자의 자격을 부여하였는가?		
	연구에 지적 기여를 하지 않은 연구자에게는 저자의 자격을 제외하였는가?		
	저자들의 표기 순서와 연구 기여도가 일치하는가?		
부당한 중복게재	자신의 이전 저작물을 활용하면서 적절한 출처 표기를 하였는가?		
	자신의 이전 저작물을 여러 번 활용하면서 모든 인용 부분들에 대해 정확하게 출처 표기를 하였는가?		
	자신의 이전 저작물을 활용하면서 출처 표기를 제대로 했으나 인용된 양 또는 질이 해당 학문 분야에서 인정하는 범위 이내라고 확신할 수 있는가?		
연구 부정행위 조사방해	본인 또는 타인에 대한 연구부정행위 조사를 고의로 방해하는 일이 없었는가?		
	제보자 또는 피조사자에게 위해를 가하는 일이 없었는가?		

출처: 한국연구재단(2019). pp.12-13.

학위논문은 1인 연구이지만, 학술논문은 단독 혹은 공동연구의 형태를 가진다. **저자**의 유형을 살펴볼 필요가 있다. 저자는 **제1저자**(first author), **공동저자**(co-author), **교신저자**(corresponding author)로 구분되며, 저자의 역할은 학문분야에 따라 다르나, 일반적인 기준은 다음과 같다(한국연구재단, 2019).

제1저자(주저자): 데이터를 수집하고 실험한 자(데이터를 만드는 데 중요한 역할을 한 연구자), 그 결과를 해석하고 원고 초안을 작성한 자를 의미함. 단, 제1저자는 공동연구를 수행한 경우 여러 명이 될 수 있음.

공동저자: 제1저자와 함께 연구과제 수행에 참여하여 데이터 수집, 분석, 해석, 결론 도출 및 보고서 작성 등에 상당히 기여한 자.

교신저자: 학술지에 논문을 출판하기 위해 원고를 제출하는 저자로서 출판 전, 출판 과정 중, 그리고 출판 후 용이하게 출판사나 독자와 교신할 수 있어야 함.

제1저자와 교신저자는 동일할 수도 있고, 다를 수도 있다. 학위논문의 학술논문 발표는 학위자가 단독연구 혹은 공동연구에서 제1저자여야 한다. 연구비가 지원되는 연구과제와 관련된 학술논문의 제1저자는 해당 연구과제의 책임자인 경우가 많지만, 역할과 기여도를 따져 협의, 결정하여야 한다. 제1저자와 교신저자는 대체로 각각 연구책임자로 인정 받을 수 있다. 연구진의 사전 협의와 공유가 중요하며, 학술지에 따라 이에 대한 협의 사항을 제출하도록 하는 경우도 있다.

공동연구에서 논문의 저자 및 저자 순서 결정은 연구진이 충분히 협의하여 기여도에 따라 합리적으로 결정하여 따르는 것이 원칙이고 문서로 기록을 남긴다. 연구에 공헌 또는 기여가 없음에도 저자 자격을 부여하는 경우(저자포함 강요, 유명인사 포함, 상호 저자 포함시켜주기 등), 연구에 공헌 또는 기여가 있음에도 저자 자격을 부여하지 않는 경우(일명 '유령저자')는 명백한 부정행위다(한국연구재단, 2019).

연구자는 이전 저작물이 후속 저작물에 활용되는 경우, 자기표절과 부당한 중복게재를 유의해야 한다. 한국연구재단(2019)은 논문 쪼개기(하나의 연구논문을 2개 이상의 소논문으로 나누어 발표), 논문 덧붙이기(이미 출판된 논문에 일부 연구성과나 임상사례를 추가하여 마치 새로운 논문인 것처럼 발표)가 대표적인 부당한 중복게재 유형으로 예시하고 있다. APA에서는 **중복게재**를 '동일한 데이터 또는 아이디어를 2개의 분리된 저작물로 학술지에 게재하는 것'으로, **단편게재**를 '한 가지 연구노력으로부터의 연구결과물을 불필요하게 다수의 저작물로 나누는 것'이라 정의하고 있다(American Psychological Association, 2019). 그러나 학문분야와 학계의 관행에 따라 상이할 수 있다.

학위논문은 미간행물이기 때문에 학술논문으로 발표하는 경우 일반적으로 중복게재에 해당되지 않는다. 단, **사사표기**(acknowledgement)를 엄격히 해야 하며, 수정된 형태여야 한다. 또한 기반한 선행연구나 연구성과를 명확히 밝히고 새로운 학술적 가치가 부여될 수 있는 연구는 새로운 연구로 볼 수 있다. APA에서는 중복게재 배제 사항으로 초록 형태, 제한된 부수, 이용 가능한 정기간행물에 게재되었던 원고, 새로운 이론 또는 방법론에 따라 이미 게재된 데이터를 재분석하는 것을 들고 있다(American Psychological Association, 2019).

표 IV-4 연구결과 보고 및 확산단계 자가 체크리스트

※ 모든 질문 항목에 대한 대답이 '예'가 되어야 함.

점검사항	질문	예	아니오
연구 부정행위 여부	발표될 논문 원고에서 자신이 작성한 부분은 물론 공동연구자가 작성한 부분에서도 위조, 변조, 표절 등이 발생하였는지 확인하였는가?		
저자의 자격	연구에 실질적으로 기여하였으나 부당하게 저자에서 배제된 연구자는 없는가?		
	연구에 기여하지 않았음에도 저자에 포함된 연구자는 없는가?		
저자의 유형과 순서	제1저자(주저자), 공동저자, 교신저자 등의 역할을 기여도에 맞게 부여하고 이에 합의하였는가?		
	저자들의 이름을 표기하는 순서가 기여도에 맞게 부여되고, 이에 합의하였는가?		
부당한 중복게재	자신의 이전 저작물과 비교하여 가설, 연구방법, 연구결과 등이 양적·질적으로 유사한지 확인하였는가?		
	하나의 연구과제에서 산출된 연구결과물을 하나의 논문으로만 발표하였는가?		
	자신의 이전 저작물에 일부 내용만 추가하거나 실험사례 수, 표본 수 등을 추가한 연구결과물을 발표한 일은 없는가?		

점검사항	질문	예	아니오
연구주제의 타당성	본 연구가 해당 연구분야에서 학문적 의의는 물론 인류의 건강과 복지, 사회의 안전에 부정적인 영향을 미칠 가능성은 없는가?		
	공동 연구자들과 공동적인 연구목적을 공유하고 있는가?		
	본 연구가 범죄나 사회문제에 악용될 소지가 없는가?		
인간대상 연구	연구수행 전단계에서 준수되어야 할 인간대상연구 관련 법령, 윤리 등을 모두 성실히 이행하였는가?		
	피험자의 개인정보 보호와 비밀 유지를 위한 적절한 대책을 마련하였는가?		
	인원 보호를 위한 대책, 개인정보 관리를 위한 담당자가 지정되어 관리하고 있는가?		
동물대상 연구	연구수행 전단계에서 준수되어야 할 동물대상연구 관련 법령, 윤리 등을 모두 성실히 이행하였는가?		
	동물권 보호, 동물 복지를 위한 대책이나 이에 대한 담당자가 지정되어 관리하고 있는가?		
	실험 후, 동물 처치 및 폐기는 담당자가 지정되어 규정에 맞게 시행되었는가?		
이해상충 가능성 확인	본 연구에 도움을 준 인물 또는 기관을 정직하게 밝혔는가?		
	본 연구결과가 특정 기업 또는 조직의 이익에 부합하여 이용될 가능성은 없는가?		

점검사항	질문	예	아니오
관련법령 준수확인	생명윤리 및 안전에 관한 법률, 실험동물 보호에 관한 법률 등을 확인하고 준수하였는가?		
	IRB, IACUC 승인 여부 등을 확인하고 준수하였는가?		
	연구자들의 연구윤리 관련 규칙 및 법령을 확인하고 준수하였는가?		

출처: 한국연구재단(2019). pp.48-49.

중요한 것은 연구의 **독창성**과 **진실성**이다. '책임있는 연구'를 새롭게 수행하고 논문을 작성했다면 문제 없다. 연구논문의 발표를 겁내지 말고, 연구결과의 공유와 확산에 적극적이고 보람을 거두기를 권한다. 내가 참고한 연구는 누군가 발표했던 논문이고, 그렇기에 내 연구가 가능했다는 점을 잊지 말아야 한다.

연구력(硏究力)은 특별한 능력이고, 연구력을 갖춘 연구자는 '평생 직업'이다. 석사와 박사 학위는 '전문가'라는 인증이며, 일반 직장과 같은 정년의 개념이 없다. 쉽지 않은 과정에 도전하고 성과를 거둔 모든 연구자들에게 지속적인 연구를 권하며, 연구의 초심을 지키고 학문적 호기심을 유지하는 연구자, 더욱 발전하는 연구자로 성장하기를 기대한다.

때로는 어마어마한 연구 생산성을 발휘하는 시기가 올 수도 있다. 연구와 논문 작성이 익숙해지고 척척 써지는 단계가 오기도 한다. 이 경우 '양보다 질'에 중점을 두고 도전 목표를 조정해보면 어떨까. 일단 지금 직면한 논문 쓰기부터 최선과 성공을!

한국연구재단 연구자 지원사업 (인문사회계열)

석사학위 소지/박사과정 중 지원 가능 사업

- 인문사회학술연구교수(단기유형): (B) 석사학위 이상 소지자
- 박사과정생연구장려금: 박사과정생

박사학위 소지자 지원 가능 사업

- 인문사회학술연구교수(장기유형): (A1) 박사학위 취득 후 7년 이하 (A2) 7년 초과
- 신진연구자 지원사업: 조교수 이상 임용 후 5년 내 또는 박사학위 취득 후 10년 내
- 중견연구자 지원사업: 조교수 이상 임용 후 5년 초과 또는 박사학위 취득 후 10년 초과
- 우수학자 지원사업: 박사취득 후 15년 이상 또는 조교수 이상 경력 10년 이상 대학 또는 학회 소속 연구자
- 저술출판 지원사업: 최근 5년 내 연구업적 3편 이상(학술서, 교양서)

4단계 BK21사업 미래인재 양성사업

- BK21(Brain Korea21) 사업은 세계적 수준의 연구중심대학 육성을 목표로 대학원생 장학금, 연구활동 지원 등 대학원생 연구를 적극 지원하는 국가 지원 사업임.
- 교육연구단(팀) 소속 전일제 석사·박사과정 대학원생 지원
- 2027년까지 운영되는 교육분야 사업단: 서울대, 고려대, 충남대, 부산대, 전남대
- 대학원생 장학 지원 예시: 세계시민교육 미래인재 양성사업단(충남대 교육학과)의 경우 석사과정(4학기까지 월 100만원), 박사과정(4학기까지 월 160만원, 8학기까지 월 130만원) 장학금 지급, 국내외 학술대회 참가 지원, 국내외 연수 지원 등

AI 시대, 연구자는?

최근 등장한 ChatGPT 등 생성형 AI를 선행연구의 수집과 정리에 활용하거나 논문 원고의 교정에 활용하는 경우가 있습니다. 앞으로 더 많은 활용 사례가 나타날 것이며, 학계에서는 연구에서 생성형 AI의 활용에 대해 학술적 기준을 만들어가고 있는 추세입니다. 2024년 3월, 한국연구재단에서는 연구계획서와 연구보고서 작성에 생성형 AI를 활용했을 경우 이를 밝힐 것을 권고하였습니다.

그러나 연구자 스스로 연구할 능력이 있을 때, 이러한 기술적 도움을 제대로 받을 수 있고, 적합하고 올바르게 활용할 수 있습니다. 연구의 첫걸음을 내딛는 연구자라면, 스스로 조사하고 스스로 정리하는 연습을 먼저 충분히 해 볼 것을 권합니다.

가장 중요한 것은 인간의 능력! 독자의 연구력과 연구효능감을 응원합니다. 그리고 AI 시대 새로운 연구자의 길을 함께 슬기롭게 만들어 나갈 수 있기를 기대합니다.

참고문헌

박수정(2011). 연구의 실제와 윤리, 정영수 외 공저, 교육행정연구법. 교육과학사.

한국연구재단(2019). 신진연구자를 위한 연구윤리 첫걸음 핸드북.

American Psychological Association(2019). *Publication Manual of the American Psychological Association* (7th edition).

맺는말

연구의 목적을 한마디로 말한다면 무엇인가요?
이론적 배경에서 빠진 것이 있다면 무엇일까요?
연구방법을 정확하게 이해하고 제대로 적용하였나요?
하려는 연구와 유사하거나 크게 참고할 선행연구를 찾았나요?

며칠 전 논문지도를 받으러 찾아온 대학원생들에게 물었습니다. 연구와 논문 쓰기는 연구자의 길을 걷고 있는 저에게 큰 과제이지만, 새롭게 찾아오는 대학원생들에게 연구와 논문 쓰기를 지도하는 것은 매학기 반복되는 더 큰 과제입니다. 어떻게 안내하면 시행착오를 줄이고 좋은 논문을 쓸 수 있을까요?

“이 책 읽고 논문 쓰세요”라고 할 수 있는 책이 있으면 좋겠다고 생각했는데, 과연 저의 과제를 얼마나 해결할 수 있을지는 지켜봐야 할 것 같습니다. 필요하다고 생각되는 내용들을 최대한 담았으나, 책만으로 해결되지 않는 것들도 있겠지요? 가장 중요한 것은 연구와 논문 작성에 ‘절대적인 시간’을 투입하는 것입니다. 읽고, 듣고, 쓰고, 찾으려면 무엇보다 시간이 필요합니다. 대학원생의 연구성과에 있어서 전일제 학생 여부가 중요한 것으로 나타났는데, 제가 지도한 유진설의 2024년 충남대학교 석사학위논문의 연구결과입니다. 직업이 있다면 더더욱 시간을 투입할 방법을 찾아야 합니다. 며칠 전 지도했던 대학원생은 일주일만에 크게 진전된 논문을 가져왔는데, 역시 '읽는 시간'을 늘렸기 때문이었습니다. 연구와 논문의 '좋은 샘플'을 찾아서 참고하는 것도 중요합니다. 훌륭한 논문을 찾아서 읽고, 특히 내가 하고자 하는 연구와 비슷한 접근을 한 논문을 찾아서 그 흐름을 따라가 보는 것이 도움이 됩니다. 지도교수를 찾아가서 지도받고 다음 단계로 나아가는 것도 매우 중요합니다. 그리고 무엇보다 중요한 것, **연구가 즐거운가요? 즐거운 연구를 찾거나 만들어가고 있나요?**

책을 집필하면서 대학원에서 저를 지도해주셨던 은사님들이 많이 생각났습니다. 지도교수이신 윤정일 교수님은 '학회' 참석을 대단히 강조하셨습니다. 수업보다 더 많이 배우는 곳이 학회라고 하셨고, 여러 대학과 연구기관을 따라 다니면서 즐겁게 배웠습니다. 학문공동체에서의 학습과 교류는 매우 중요하기에 이 책에서도 학회를 강조하였습니다. '빨간 펜'으로 불릴 정도로 글쓰기에 엄격하셨습니다. 글의 기본과 형식, 논리의 엄정성을 항상 주의하게 되었습니다. 그리고 '학계에서 반드시 필요한 연구'를 제가 '할 수 있는 연구'라며 적극 권하셨고, 저도 '하고 싶은 연구'였기에 감사하게도 평생의 연구 분야로 삼을 수 있었습니다.

'논문'을 거꾸로 뒤집어 보면 '곰국'이라고 알려주셨던 분은 진동섭 교수님입니다. 학교 컨설팅과 교육 디자인의 개념과 이론을 창출하고 다방면으로 새로운 인사이트를 주신 분이랍니다. 퇴직

후에도 제자들과 함께 『한국교육행정론』, 『교육정책론』 등 훌륭한 책을 출간하는 열정을 보여주신 이종재 교수님은 필요한 좋은 책을 써야겠다는 생각을 갖게 하는데 영향을 주셨습니다. 연구의 길을 인도해주신 모든 스승께 가슴 깊이 감사드립니다.

한국교육행정학회 주관으로 편찬한 『교육행정연구법』(교육과학사, 2011년) 집필에 참여한 적이 있습니다. 박사학위를 받은 지 얼마 안된 시기에 참여하였는데, 제가 맡았던 부분이 〈연구의 실제와 윤리〉였습니다. 그로부터 10여 년이 지나, 『교육연구논문작성법』을 본격적으로 집필하게 되었네요. 훌륭한 분들과 함께 작업하는 것은 기쁜 일이었습니다. 공저자 이희숙, 김선영 교수님의 동참과 수고에 박수를 보냅니다.

이 책을 펴내는 시점에서 한국연구재단에서는 연구계획서와 연구보고서에 생성형 AI를 활용했을 경우 이를 밝히도록 권고하였습니다. 몇 년 후 업데이트를 하게 된다면 아직은 조심스러운 생성형 AI의 연구 활용 전략 혹은 새롭게 나타날 무언가가 보완될 수도 있겠지요? 독자의 고견과 질의도 언제나 환영합니다.

학술적 글 읽기와 쓰기를 계속하는 모든 연구자를 응원합니다.
Slow and steady wins the race!

2024년 3월
저자를 대표하여
박수정

찾아보기

ㅍ

ㅎ

A-Z

저자 소개

박 수 정 (edupark37@gmail.com)

[현직 및 주요 경력]

충남대학교 교육학과 교수
충남대학교 교육연구소장, 대학개발센터장, 교직부장
한국교육학회, 한국교육행정학회, 한국교원교육학회 이사

[학력]

서울대학교 역사교육과 졸업
서울대학교 대학원 교육학과 졸업(교육학박사)

[선정 및 수상]

일본국제교류기금 단기연구펠로우쉽 선정(2009~2010)
한국연구재단 신진연구자지원사업 선정(2009~2011, 2011~2012, 2013~2016)
한국연구재단 우수논문지원사업 선정(2011: 『지방교육자치 연구동향 분석』)
대한민국학술원 우수학술도서 선정(2017: 『한국 교육행정사 탐구』)
한국연구재단 우수학자지원사업 선정(2021~2026)

[주요 연구]

『한국 지방교육자치 탐구』(2013), 『한국 교육행정사 탐구』(2016), 『온라인 수업에서 팀 학습 어떻게 할까』(2021), 『대학 수업은 처음입니다』(2023) 등 단독저서

『교육행정연구법』(2011), 『한국교육행정학 연구 핸드북』(2013), 『학교 컨설턴트 가이드북』(2015), 『한국 지방교육자치론』(2018), 『교직실무』(2021), 『오늘의 교육 내일의 교육정책』(2021), 『교사론과 교직실무』(2024) 등 공저

박수정, 박선주, 박진영(2011). 지방교육자치 연구동향 분석(1991~2010). 교육행정학연구, 29(2). 261-288.
박수정(2011). 학교컨설팅과 교육청의 만남: 가능성과 한계. 한국교원교육연구, 28(3). 307-331.
박수정(2015). 컨설팅 장학의 원리 탐색: 컨설턴트의 인식을 중심으로. 교육행정학연구, 33(3). 457-481.
박수정(2016). 한국 교육행정사 연구의 성과와 과제. 교육학연구. 54(1). 287-311.
박수정, 박정우(2019). 교육실습체제 개선에 대한 이해관계자의 인식 분석. 한국교육, 46(1). 111-135.
Kim, T., Lim, S., Yang, M., & Park, S. J. (2021). Making sense of schooling during COVID-19: Crisis as opportunity in Korean schools. *Comparative Education Review*, *65*(4), 617-639.

이 희 숙 (goodhslee@gmail.com)

[현직 및 주요 경력]

강남대학교 교육학과 교수
강남대학교 교무부처장, 교수학습지원센터장, 교직부장
한국교육행정학회, 한국교육재정경제학회 이사

[학력]

서울대학교 수학교육과, 교육학과 졸업
서울대학교 대학원 교육학과 졸업(교육학박사)
미국 Florida State University 박사후연구원(교육측정 및 통계)

[선정 및 수상]

한국연구재단 해외박사후연수지원사업 선정(2008~2009)
한국연구재단 신진연구자지원사업 선정(2013~2014)
한국연구재단 중견연구자지원사업 선정(2015~2016, 2020~2021)

[주요 연구]

『Handbook of education policy research』(2009), 『한국 교육행정학 연구 핸드북』(2013), 『오늘의 교육 내일의 교육정책』(2021), 『교직실무』(2021) 등 공저

이희숙(2019). 초중등 사교육 실태와 관련 요인 분석 연구-한국, 중국, 일본, 싱가포르를 중심으로 청소년학연구, 26(5), 469-488.

이희숙, 한재범(2022). 다전공 선택 요인 및 다전공자 대학생활 실태 분석. 교육학연구, 60(1), 295-319.

이희숙(2023). 학자금 지원의 학업성취 효과에 대한 메타분석. 교육재정경제연구, 32(4), 85-106.

Chung, J. Y., Shin, I. S., & Lee, H. (2009). The Effectiveness of Charter School: Synthesizing Standardized Mean changes. *KEDI Journal of Educational Policy*, *6*(1). 61-80.

Lee, C. J., Lee, H., & Jang, H. M. (2010). The History of Policy Responses to Shadow Education in South Korea: Implications for the Next Cycle of Policy Responses. *Asia Pacific Education Review*, *11*(1). 97-108.

김 선 영 (sunyoungkim0707@gmail.com)

[현직 및 주요 경력]

경남대학교 교육혁신본부 교수
경남대학교 성과관리센터장, 경험기반교육센터장, 학생성공혁신센터장
한국질적탐구학회, 한국문화융합학회, 한국교양교육학회 이사

[학력]

한남대학교 국어교육과 졸업
미국 University of Florida 대학원 교육학과 졸업(Ph.D.)

[선정 및 수상]

한국연구재단 신진연구자지원사업 선정(2021~2022, 2022~2025)

[주요 연구]

김선영(2014). 중국 유학생들의 정서적, 사회적, 그리고 학업수행 측면에서의 문화적응과 만족도 탐색. 교육행정학연구, 32(1), 131-157.

김선영(2017). 예비교사들의 '교사되기' 의지에 영향을 미친 경험들: 교육실습 경험을 중심으로. 교육문화연구, 23(3), 145-165.

김선영(2020). 대학에서 학생 선수로 살아가기: 운동과 학업 병행 경험의 의미. 교양교육연구, 14(2), 327-339.

김선영(2020). 성 소수자에 대한 대학생들의 인식과 태도. 문화교류와 다문화교육, 9(4), 297-319.

Kim, S. Y. (2022). Student confidence, success, and retention: The Impact of military experience on the college lives of Korean males. *The Qualitative Report*, *27*(1), 268-288.

교육연구논문작성법

초판발행 2024년 4월 5일

지은이 박수정 · 이희숙 · 김선영
펴낸이 노 현

편 집 배근하
기획/마케팅 허승훈
표지디자인 이은지
제 작 고철민 · 조영환

펴낸곳 ㈜ 피와이메이트
서울특별시 금천구 가산디지털2로 53 한라시그마밸리 210호(가산동)
등록 2014. 2. 12. 제2018-000080호
전 화 02)733-6771
f a x 02)736-4818
e-mail pys@pybook.co.kr
homepage www.pybook.co.kr
ISBN 979-11-6519-976-0 93370

정 가 17,000원

박영스토리는 박영사와 함께하는 브랜드입니다.